"十四五"职业教育国家规划教材

"十三五"职业教育国家规划教材
"十三五"职业教育新能源汽车专业"互联网+"创新教材

电动汽车检查与维护工作页

主　编　景平利　敖东光　薛　菲
副主编　邢　超　陈荣梅　宫英伟
参　编　李倩龙　孙凯燕　郑　李　张　娜
主　审　王瑞平　乔世众

机械工业出版社

本书是"十四五"职业教育国家规划教材。

为了适应新时期职业教育人才培养的需要，以及科学技术发展的新趋势和新特点，我们组织教师和企业专家成立了课程研发小组，用"互联网+"汽车专业思维创新模式，编写了这套"十三五"职业教育新能源汽车专业"互联网+"创新教材，包括《走进新能源汽车》《电动汽车检查与维护》《电动汽车结构原理与检修》《电动汽车总装技术》以及相应的工作页。

本书是与《电动汽车检查与维护》教材配套使用的工作页，共包括8个学习情境，26个学习任务，重点介绍了新能源汽车售后服务中心、电动汽车检查与维护的准备工作、动力电池系统的检查与维护、驱动电机系统的检查与维护、高压辅助器件的检查与维护、空调系统的检查与维护、辅助系统的检查与维护以及电动汽车检查与维护项目编排，高度提炼核心知识与技能并紧贴生产实际，重在应用。

本书可作为职业院校新能源汽车和汽车维修等相关专业的教学用书，也可以作为汽车企业内部培训资料，还可以作为汽车生产技术人员和4S店工作人员的参考书。

图书在版编目（CIP）数据

电动汽车检查与维护工作页/景平利，敖东光，薛菲主编．—北京：机械工业出版社，2017.4（2024.8重印）

"十三五"职业教育新能源汽车专业"互联网+"创新教材

ISBN 978-7-111-56702-8

Ⅰ.①电⋯ Ⅱ.①景⋯ ②敖⋯ ③薛⋯ Ⅲ.①电动汽车-检查-职业教育-教材②电动汽车-维修-职业教育-教材 Ⅳ.①U469.72

中国版本图书馆CIP数据核字（2017）第089788号

机械工业出版社（北京市百万庄大街22号 邮政编码100037）
策划编辑：曹新宇　责任编辑：曹新宇　张丹丹
责任校对：刘雅娜　封面设计：马精明
责任印制：刘 媛
涿州市般润文化传播有限公司印刷
2024年8月第1版第10次印刷
210mm×285mm・11.5印张・326千字
标准书号：ISBN 978-7-111-56702-8
定价：44.80元

电话服务　　　　　　　　　网络服务
客服电话：010-88361066　　机 工 官 网：www.cmpbook.com
　　　　　010-88379833　　机 工 官 博：weibo.com/cmp1952
　　　　　010-68326294　　金 书 网：www.golden-book.com
封底无防伪标均为盗版　机工教育服务网：www.cmpedu.com

关于"十四五"职业教育
国家规划教材的出版说明

为贯彻落实《中共中央关于认真学习宣传贯彻党的二十大精神的决定》《习近平新时代中国特色社会主义思想进课程教材指南》《职业院校教材管理办法》等文件精神，机械工业出版社与教材编写团队一道，认真执行思政内容进教材、进课堂、进头脑要求，尊重教育规律，遵循学科特点，对教材内容进行了更新，着力落实以下要求：

1. 提升教材铸魂育人功能，培育、践行社会主义核心价值观，教育引导学生树立共产主义远大理想和中国特色社会主义共同理想，坚定"四个自信"，厚植爱国主义情怀，把爱国情、强国志、报国行自觉融入建设社会主义现代化强国、实现中华民族伟大复兴的奋斗之中。同时，弘扬中华优秀传统文化，深入开展宪法法治教育。

2. 注重科学思维方法训练和科学伦理教育，培养学生探索未知、追求真理、勇攀科学高峰的责任感和使命感；强化学生工程伦理教育，培养学生精益求精的大国工匠精神，激发学生科技报国的家国情怀和使命担当。加快构建中国特色哲学社会科学学科体系、学术体系、话语体系。帮助学生了解相关专业和行业领域的国家战略、法律法规和相关政策，引导学生深入社会实践、关注现实问题，培育学生经世济民、诚信服务、德法兼修的职业素养。

3. 教育引导学生深刻理解并自觉实践各行业的职业精神、职业规范，增强职业责任感，培养遵纪守法、爱岗敬业、无私奉献、诚实守信、公道办事、开拓创新的职业品格和行为习惯。

在此基础上，及时更新教材知识内容，体现产业发展的新技术、新工艺、新规范、新标准。加强教材数字化建设，丰富配套资源，形成可听、可视、可练、可互动的融媒体教材。

教材建设需要各方的共同努力，也欢迎相关教材使用院校的师生及时反馈意见和建议，我们将认真组织力量进行研究，在后续重印及再版时吸纳改进，不断推动高质量教材出版。

机械工业出版社

前言

随着我国汽车保有量的逐年增加，汽车与能源、汽车与交通、汽车与环保、汽车与城市化等问题也日益突出，发展新能源汽车已刻不容缓。自从新世纪初的"十五"国家863计划电动汽车重大专项主要政策开始，到2009年《新能源汽车生产企业及产品准入管理规则》，新能源汽车越来越受到国家、企业的重点关注；同时，发展新能源汽车还承载着我国弯道超车的梦想，因此研发高效能、高环保的新能源汽车已成为我国汽车工业发展的重要主题。

目前，我国自主品牌的新能源汽车在全球市场高歌猛进，很多自主品牌，如北汽新能源、比亚迪等已经在新能源汽车市场取得了很优秀的成绩。尤其是近年来在政府的支持下，个人购买电动汽车的数量急剧增加，新能源汽车行业前、后市场对技能人才的需求量不断增大。为此，我们组织教师和企业人员成立了课程研发小组，主要结合企业岗位的实际需求，广泛参考借鉴了国内外新能源汽车方面的研究成果，形成以模块式课程为载体、以工作过程为主线、以任务驱动教学为主要形式的专业课程开发思路，编写了本套教材，包括《走进新能源汽车》《电动汽车检查与维护》《电动汽车结构原理与检修》《电动汽车总装技术》以及相应的工作页。

本书始终坚持正确的政治方向，以国家和社会的需求为导向，以专业人才培养目标为依据，以所在专业能力结构为主线，将习近平新时代中国特色社会主义思想和党的二十大精神融入教材，以全力打造精品教材为出发点，以每一个学习情境、每一个学习任务、每一幅插图为落脚点，全面落实立德树人的根本任务，发挥铸魂育人实效。

本书是与《电动汽车检查与维护》教材配套使用的工作页，采用学习情境模式导入，设定的情境多来源于企业一线并配合教学一线的教学经验，内容选取目前市场上主流的电动汽车——北汽的车型为参考，结合其他品牌的电动车型，以电动汽车的主流技术及其维护方法为出发点，按照汽车维修职业岗位应掌握的技能和知识，进行学习情境的课程教学，对电动汽车的维护知识进行全方位的讲解。

本书共有8个学习情境，采用工作页这一灵活的形式，通过填写部件名称与序号、描述工作原理、文字理解和看图答题等项目的练习，重点学习以下知识内容：新能源汽车售后服务中心、电动汽车检查与维护的准备工作、动力电池系统的检查与维护、驱动电机系统的检查与维护、高压辅助器件的检查与维护、空调系统的检查与维护、辅助系统的检查与维护以及电动汽车检查与维护项目编排。

本书由北京汽车技师学院组织编写，由王瑞平、乔世众主审。本书由景平利、敖东光和薛菲担任主编，邢超、陈荣梅、宫英伟担任副主编。其他参与编写的还有李倩龙、孙凯燕、郑李、张娜。

限于编者水平和经验，书中难免存在缺点和疏漏，恳请广大读者批评指正。

编 者

前言

学习情境 1　新能源汽车售后服务中心

学习任务　接受客户委托和环车检查 …………………………………………………… 2

学习情境 2　电动汽车检查与维护的准备工作

学习任务 1　高压安全防护 …………………………………………………………… 10
学习任务 2　电动汽车维护工具使用 …………………………………………………… 15
学习任务 3　如何正确驾驶电动汽车 …………………………………………………… 21
学习任务 4　如何正确给电动汽车充电 ………………………………………………… 26
学习任务 5　清洁电动汽车 ……………………………………………………………… 31

学习情境 3　动力电池系统的检查与维护

学习任务 1　检查与维护动力电池外部 ………………………………………………… 36
学习任务 2　检查与维护动力电池内部 ………………………………………………… 43

学习情境 4　驱动电机系统的检查与维护

学习任务 1　检查与维护驱动电机 ……………………………………………………… 50
学习任务 2　检查与维护驱动电机控制器 ……………………………………………… 58
学习任务 3　检查与维护减速器 ………………………………………………………… 64
学习任务 4　检查与维护冷却系统 ……………………………………………………… 70

学习情境 5　高压辅助器件的检查与维护

学习任务 1　检查与维护 DC/DC 变换器 ……………………………………………… 80
学习任务 2　检查与维护车载充电机 …………………………………………………… 87
学习任务 3　检查与维护高压控制盒 …………………………………………………… 95
学习任务 4　检查与维护高压附件 ……………………………………………………… 103

学习情境 6　空调系统的检查与维护

学习任务 1　检查与维护空调制冷系统 …………………………………………………… 112
学习任务 2　检查与维护送风系统 ………………………………………………………… 119
学习任务 3　检查与维护暖风系统 ………………………………………………………… 124

学习情境 7　辅助系统的检查与维护

学习任务 1　检查与维护制动系统 ………………………………………………………… 132
学习任务 2　检查与维护行驶系统 ………………………………………………………… 138
学习任务 3　检查与维护转向系统 ………………………………………………………… 144
学习任务 4　检查与维护低压电器系统 …………………………………………………… 150

学习情境 8　电动汽车检查与维护项目编排

学习任务 1　电动汽车新车 PDI 检查 ……………………………………………………… 160
学习任务 2　电动汽车进行维护作业项目 ………………………………………………… 166
学习任务 3　举升机不同位置的维护作业项目 …………………………………………… 172

参考文献 …………………………………………………………………………………………… 178

学习情境1

新能源汽车售后服务中心

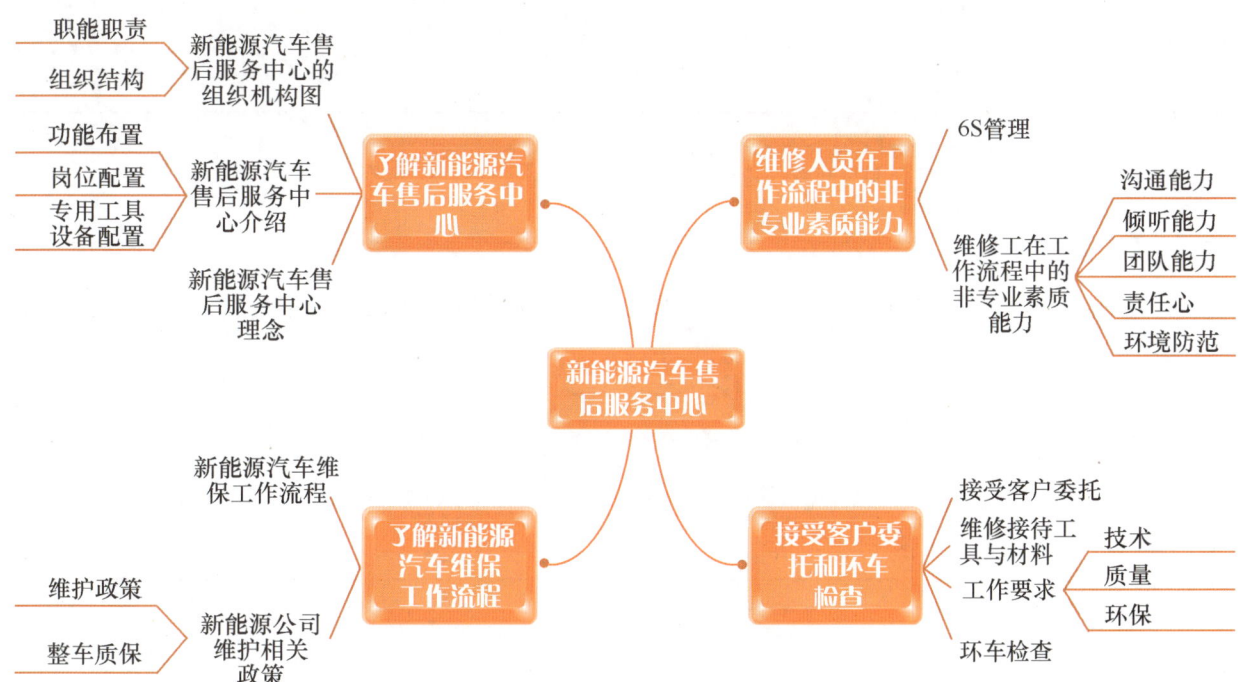

学习任务　接受客户委托和环车检查

一、任务描述

客户张先生经电话预约需要对其车辆——北京汽车 EV200 做 10 000km 定期维护，预计 1h 内到达本 4S 店，作为服务顾问如何完成客户张先生的接待和环车检查工作任务呢？

> **温馨提示**
>
> 认真阅读工作任务描述，明确本次的具体工作任务，从给出的任务描述中挑选出与你工作有关的关键词，并填写在空格中。

1	
2	

通过分析任务情境，本次你需要充当_____角色，需要完成的任务是对_____车型进行_____工作。

二、任务分析

1. 请检查并记录车辆使用情况

检查项目	状态记录
周期维护灯亮起	是□ 否□
行驶里程	_____ km
上次维护时间	
检查车辆外观状态	

2. 根据任务描述中车辆的情况明确本次工作任务，并分析完成本次工作任务所需要掌握的知识点

三、任务资讯

1. 环车检查的概念
_____
_____

2. 环车检查的目的和重要性
1) _____
_____。
2) 拉近客户与维修企业的距离，体现维修企业的热忱和细心。
3) 发现客户未发现的维修项目，可向客户建议必要的维修或维护，增加售后服务的收益。
4) 提醒客户存放/带走遗留在车内的贵重物品。

3. 环车检查在维修接待流程中所处的位置
请补充横线处的工作名称。
如维修接待流程图所示，环车检查工作处在_____与_____两环节之间。当客户车辆停好后，由服务顾问进行打开客户车门、自我介绍、递出名片，以及询问客户来意等一系列的客户接待工作后，服务顾问需要对客户的车辆按照4S店企业标准规范完成环车检查工作，并填写车辆接车登记表。当完成车辆检查后，服务顾问引导客户到维修前台，并与客户进行协商及接车制单等工作。

4. 维修接待员的要求
1) 检查仪容、仪表，穿着统一工服，仪表端庄、整洁，仪容洁净，佩戴好胸卡。
2) 准备好必要的_____。
3) 工作环境维护及清洁。
4) 接待客户的礼仪举止规范，能运用正确的身体语言，使客户能够感受到热情、友好的氛围，尽快进入舒适区。

5. 6S 管理
6S 管理是指_____、_____、_____、_____、_____、_____。

四、计划决策

关键问题：你认为环车检查都需要检查哪些项目呢？针对你们小组的讨论请将结果写在卡片上（一个检查项目写在一张卡片上）。

头脑风暴：

将各组所有头脑风暴的结果按照车辆的几个方位进行分类和归纳，分别包括车辆前部（包括前机舱）、左前部、左后部、右后部、右前部、车辆顶部、车辆后部和驾驶室内。

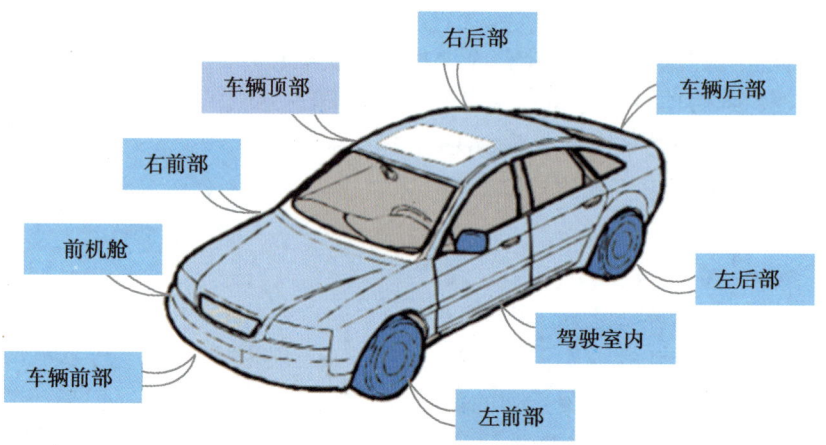

车辆前部	检查项目：_____	前机舱	检查项目：_____
左前部	检查项目：_____	右前部	检查项目：_____
左后部	检查项目：_____	右后部	检查项目：_____

（续）

车辆顶部	检查项目：_____ _____ _____	车辆后部	检查项目：_____ _____ _____ _____
驾驶室内	检查项目：_____ _____ _____ _____		

> 🚗 **温馨提示**
> 　　请各小组学习、思考和讨论解决问题的具体工作计划，考虑时间、工具和物料并将流程图画在下面空白处，接下来各组派出代表陈述本组的工作方案。

工作计划流程图

> 🚗 **温馨提示**
> 　　各小组对其他组的工作计划进行互评、教师总评。各小组根据教师和各组的评价进行方案优化，并将优化方案写在下面方框内。

优化后的流程图

工具准备：

序　号	工具名称	工具数量
工具使用规范	请填写工具使用规范	

五、任务实施

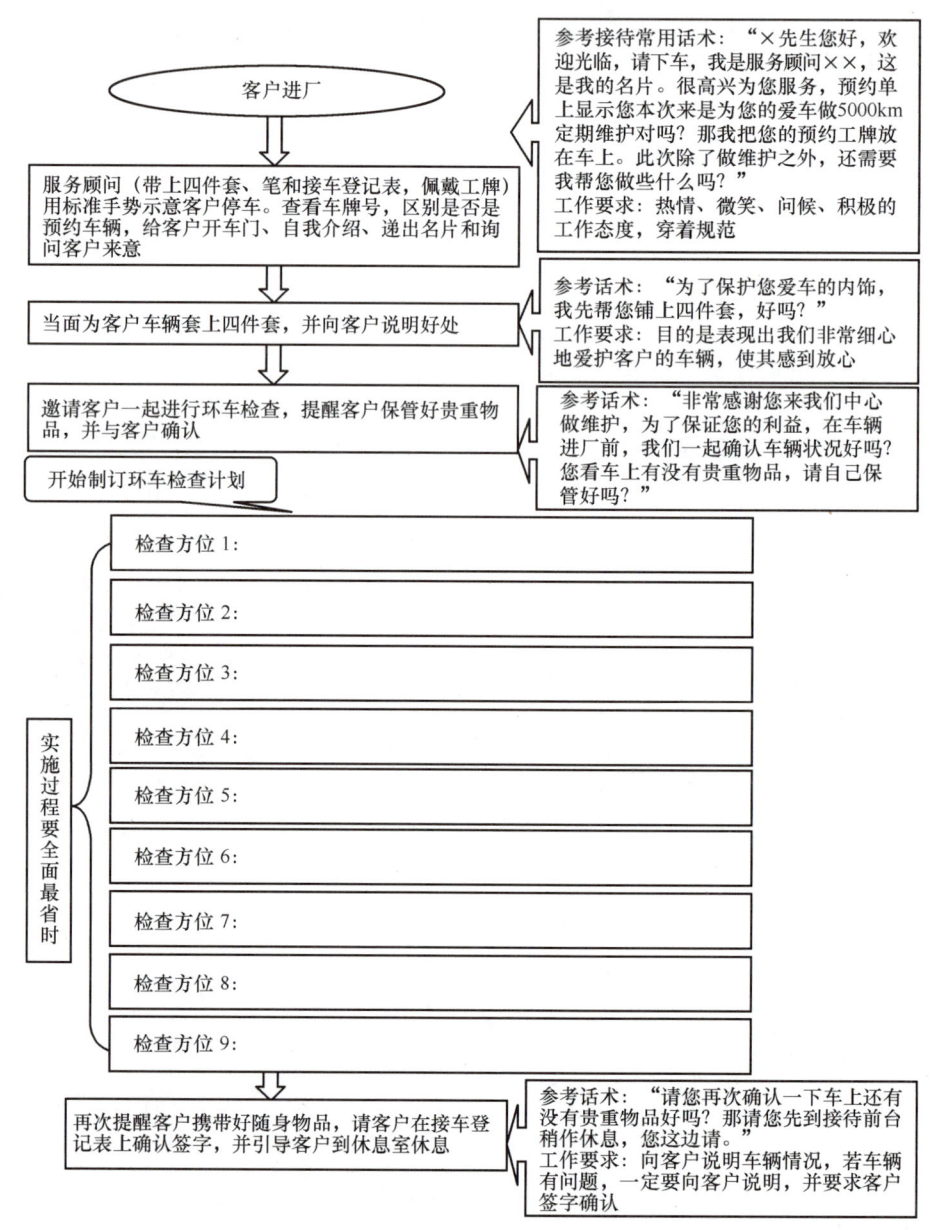

六、任务检查与评价

1. 请进行必要的最终检查和"6S"管理
2. 请根据实施过程进行总结并完善工作计划

总结内容和改进工作计划：

_____

_____

3. 评分

序号	评分点要素		配分	评分标准（不合格在项目后面画√并注明）		得分	备注
1	课堂展示环节		30	是否做到仪表整洁、举止大方（5分）			
				阐述时语言是否流畅、语意是否清晰（10分）			
				展示项目是否正确、全面（10分）			
				有无发挥小组团队精神（5分）			
2	接车登记表填写		10	维修接待员是否详细记录了客户信息和车辆信息（3分）			
				接车登记表填写是否工整（2分）			
				接车登记表上填写的检查项目是否齐全、正确（5分）			
3	驾驶室内检查评比成绩	教师评分	20	服务顾问小组角色扮演是否到位（4分）			
				客户扮演是否到位（4分）			
				服务顾问与客户交流时语言是否正确、表述是否清晰（4分）			
				服务顾问与客户交流时行为动作是否正确到位（4分）			
				是否做到5min之内检查完毕（4分）			
		学生评分	40	6S情况	个人形象不合格扣2分		
					服务顾问未佩戴工牌、接车登记表、笔、四件套和预约工牌每项各扣3分		
				服务顾问是否主动迎接客户			
				对来店客户做停车手势，示意车辆停下			
				当服务顾问接待客户时，是否面带微笑并使用职业语言："您好，欢迎光临"			
				是否正确做自我介绍，并正确递出名片			
				是否询问客户有无其他要求			
				为保护客户车辆，服务顾问是否第一时间当面套上四件套			
				是否要求客户一起进行检查车辆			
				是否提醒客户保管好自己的贵重物品			
				是否将预约工牌放在客户车上			
				是否向客户说明车辆里程数，并记录			
				是否向客户说明油量，并记录			
				检查驾驶室内，以下每漏查或检查错误一项分别扣1分			
				仪表指示灯是否正常	仪表板有无损坏		
				组合灯开关是否正常	刮水器各功能键是否正常		
				空调是否正常	音响是否正常		
				门锁是否正常	各车窗功能键是否正常		

（续）

序号	评分点要素		配分	评分标准（不合格在项目后面画√并注明）				得 分	备 注
3	驾驶室内检查评比成绩	学生评分	40	加速踏板是否正常		玻璃升降器是否正常			
				换档状况是否正常		制动踏板是否正常			
				遮阳板是否正常		天窗有无损坏，正常开启关闭			
				杂物箱是否正常		前排安全带是否正常			
				检查杂物箱之前是否征求客户同意					
				检查完毕后有无填写车辆接车登记表					
				有无对客户说明车辆驾驶室内的检查结果					
				对车辆的各功能键检查完毕后有无恢复原位					
4	总分		100						

年　　月　　日

4. 学生填写自评表

要求每一个小组学生派代表上讲台讲述小组的学习成果和经验收获。

课堂小组经验分享记录：

5. 教师填写总评表

教师评价结果记录：

学习情境2

电动汽车检查与维护的准备工作

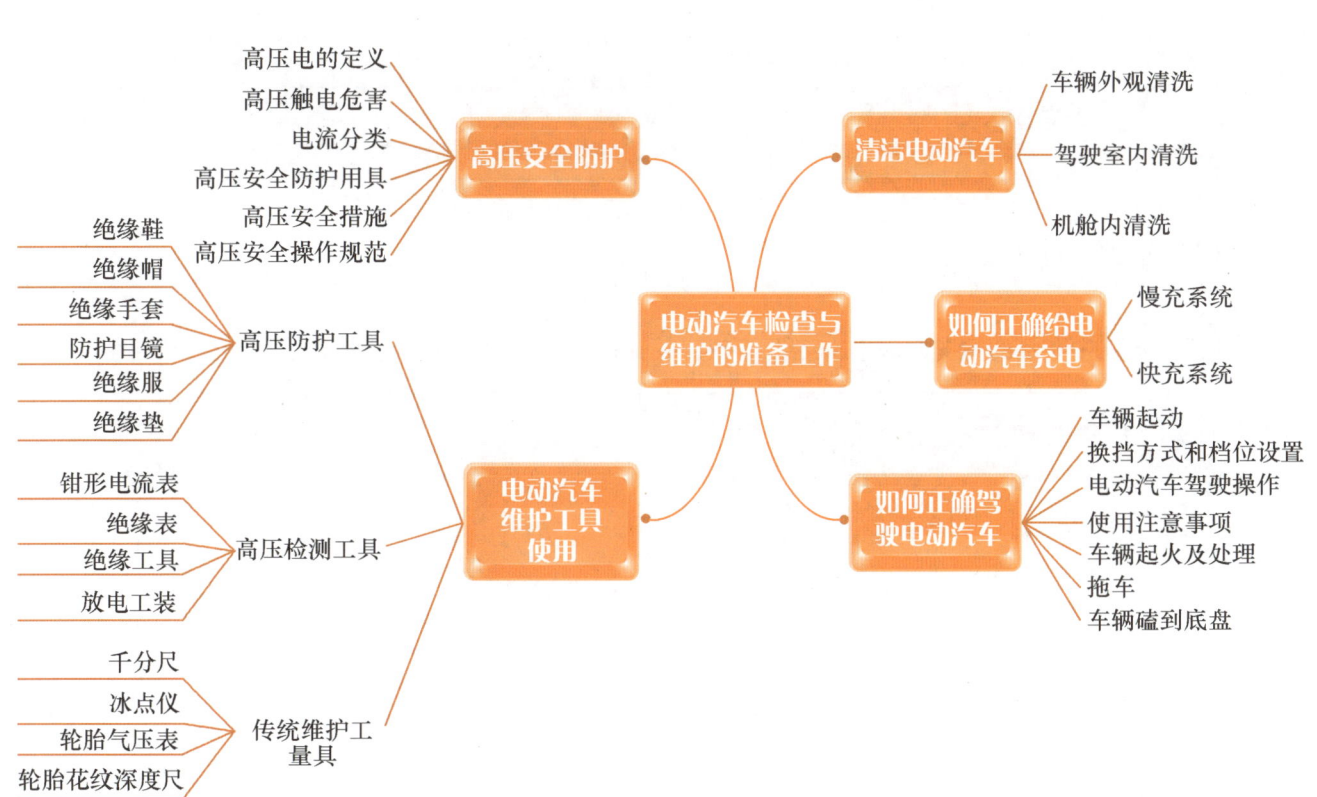

学习任务1　高压安全防护

一、任务描述

张先生的EV200已经行驶了10000km,张先生想给他的爱车做一次定期维护。电动汽车整车带有高压回路,那作为一名4S店的技师,在接到任务后首先应该如何做好高压安全防护措施呢?

教师协助学生分析学习情境,运用问题引导法:

1. 你所面对的是什么类型的车辆?

2. 你在任务中的角色是什么?

3. 你的工作任务是什么?

二、任务分析

根据任务描述中车辆的情况明确本次工作任务,并分析完成本次工作任务所需要掌握的知识点。

三、任务资讯

1. 完成下面的工作电压等级划分表

(单位：V)

工作电压 U	直　流	交　流
A 级		
B 级		

2. 根据所学知识回答下列问题

1）根据伤害的性质不同，将触电分为 _____ 和 _____ 两种。_____ 的危害大于 _____ 的危害。

2）人手触电后为什么紧握导线丢不开？

3）小鸟停在高压线上为什么不会被电？

4）燃油汽车上也会产生高压电，为什么没有触电危险？

5）触电事故发生时应如何急救？

6）根据人体接触到不同程度电流呈现的状态，将电流分为三类，分别从下图中表示出来。

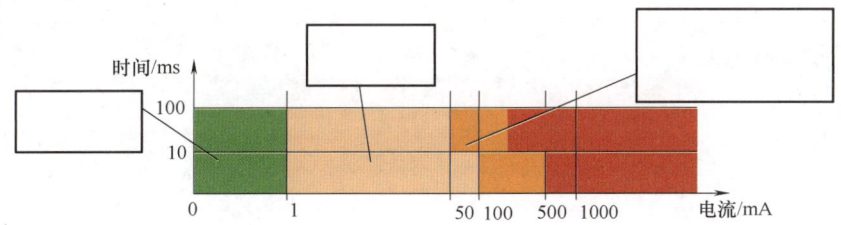

7）完成下面的断电操作流程。

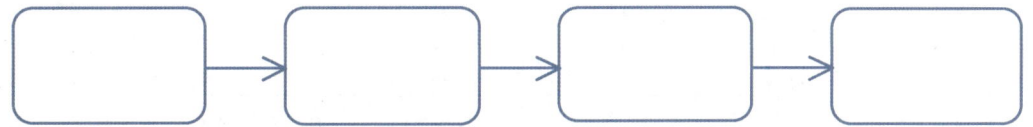

8）下面几幅图片哪些是电动汽车绝缘防护用具，是的打"√"，否的打"×"。

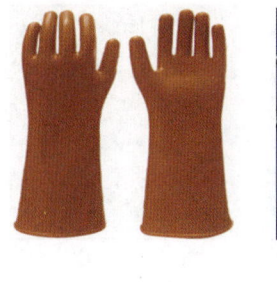 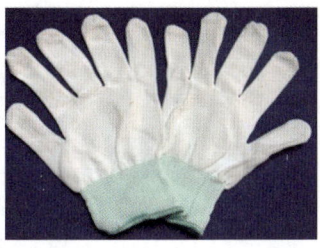 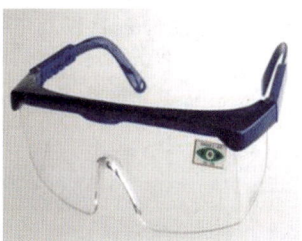

（　　）　　　　　　（　　）　　　　　　（　　）

（　　）　　　　　　　（　　）　　　　　　　　（　　）

9）为防止触电事故的发生，电动汽车上有哪些高压安全措施？

_____

_____

四、计划决策

> 🚗 **温馨提示**
>
> 请各小组学习、思考和讨论解决问题的具体工作计划，考虑时间、工具和物料并将流程图画在下面空白处，接下来各组派出代表陈述本组的工作方案。

```
工作计划流程图
```

> 🚗 **温馨提示**
>
> 各小组对其他组的工作计划进行互评、教师总评。各小组根据教师和各组的评价进行方案优化，并将优化方案写在下面方框内。

优化后的流程图

工具准备：

序　号	工　具　名　称	工　具　数　量
工具使用规范	请填写工具使用规范	

五、任务实施

从 EV200 实车上找到避免触电的高压安全防护措施的设计。

序　号	高压安全防护措施	是 否 找 到
1	高压线束	是□ 否□
2	高压标识牌	是□ 否□
3	高压熔断器	是□ 否□
4	维修开关	是□ 否□
5	高压互锁	是□ 否□
6	漏电保护器	是□ 否□

六、任务检查与评价

1. 请进行必要的最终检查和"6S"管理

2. 请根据实施过程进行总结并完善工作计划

总结内容和改进工作计划：

3. 学生填写自评表

要求每一个小组学生派代表上讲台讲述小组的学习成果和经验收获。

课堂小组经验分享记录：

4. 教师填写总评表

教师评价结果记录：

学习任务 2　电动汽车维护工具使用

一、任务描述

高先生的 EV200 已行驶 1 年了，高先生想对他的爱车进行全车维护，作为 4S 店的一名技师，在接到任务后应该如何选择和使用维护工具呢？

教师协助学生分析学习情境，运用问题引导法：

1. 你所面对的是什么类型的车辆？

2. 你在任务中的角色是什么？

3. 你的工作任务是什么？

二、任务分析

根据任务描述中车辆的情况明确本次工作任务，并分析完成本次工作任务所需要掌握的知识点。

三、任务资讯

1. 绝缘手套

1）如何检查绝缘手套？

_____

2）绝缘手套铭牌上有最大使用电压，电压值越_____，手套越厚。

3）如果一双绝缘手套中的一只破损可能不安全，那么这副手套能否继续使用？

_____

4）下图操作是否正确？为什么？

_____

2. 绝缘帽

下图给出了几种佩戴绝缘帽的方法，判断哪个是正确的。

（　　）　　　　　　　（　　）　　　　　　　（　　）

3. 绝缘鞋

如何检查绝缘鞋的好坏？

_____
_____

4. 绝缘表

1）在电动汽车维护时需要使用_____检测绝缘电阻，它主要分为_____和_____两种。

2）摇表由_____、_____和_____组成。其中_____为接线端，_____为搭铁端，_____为屏蔽端。

3）根据摇表的选用原则，完成下表。

被测设备额定电压/V	选用摇表额定电压/V
≤500	
≥500	

4）摇表使用前如何检测其好坏？

　_____试验：将L和E表笔_____，由慢到快摇动手柄使发电机达到120r/min的额定转速，观察指针是否指在标度尺"_____"位置，如果是则为正常。

　_____试验：将L和E表笔_____，由慢到快摇动手柄使发电机达到120r/min的额定转速，观察指针是否指在标度尺"_____"位置，如果是则为正常。

5）判断下列有关绝缘表使用表述是否正确。
① 可以在带电的情况下进行绝缘电阻的测量。　　　　　　　　　　　　　　（　　）
② 插接端口绝缘电阻测量时严禁测量端子与端子之间的绝缘电阻值。　　（　　）
③ 绝缘电阻测量完毕后，应先停止摇动摇表再拆线。　　　　　　　　　（　　）
④ 禁止在雷电时或高压设备附近测绝缘电阻。　　　　　　　　　　　　　（　　）
⑤ 绝缘阻值测量需要保持1min，数值稳定后读取阻值。　　　　　　　　（　　）
⑥ 可以用绝缘表测量低压电器的阻值。　　　　　　　　　　　　　　　　（　　）

5．钳形电流表
判断下列钳形电流表使用方法的正误。

　　　（　　）　　　　　　　（　　）　　　　　　　（　　）

6．冰点仪
冰点仪用于测量电动汽车_____和_____的冰点。

7. 轮胎气压表

轮胎气压表用于测量_____，可直接安在气嘴上，在_____后读取数据。

8. 轮胎花纹深度尺

轮胎花纹深度尺可以很快地测出轮胎_____，判断出轮胎的磨损程度。使用时需要多次测量轮胎_____位置的花纹。

四、计划决策

> **温馨提示**
>
> 请各小组学习、思考和讨论解决问题的具体工作计划，考虑时间、工具和物料并将流程图画在下面空白处，接下来各组派出代表陈述本组的工作方案。

工作计划流程图

> **温馨提示**
>
> 各小组对其他组的工作计划进行互评、教师总评。各小组根据教师和各组的评价进行方案优化，并将优化方案写在下面方框内。

优化后的流程图

工具准备：

序　号	工具名称	工具数量
工具使用规范	请填写工具使用规范	

五、任务实施

1. 对仪器进行检查

请按规范方法依次检查仪器，并将检查方法与检查结果填写在下表中。

检查仪器名称	检查方法	是否正常
绝缘手套		是□ 否□
绝缘鞋		是□ 否□
安全帽		是□ 否□
护目镜		是□ 否□
绝缘表		是□ 否□
绝缘工具		是□ 否□

2. 操作过程

序　号	实施步骤	是否完成
1	摇表实车测试绝缘阻值	是□ 否□
2	数字测试绝缘表实测绝缘阻值	是□ 否□
3	钳形电流表实车测试电流	是□ 否□
4	冰点仪测试冷却液	是□ 否□
5	轮胎气压表测量轮胎气压	是□ 否□
6	轮胎花纹深度尺测量轮胎花纹深度	是□ 否□
7	千分尺、游标卡尺读数	是□ 否□

六、任务检查与评价

1. 请进行必要的最终检查和"6S"管理
2. 请根据实施过程进行总结并完善工作计划

总结内容和改进工作计划：

_____

_____

3. 学生填写自评表

要求每一个小组学生派代表上讲台讲述小组的学习成果和经验收获。

课堂小组经验分享记录：

4. 教师填写总评表

教师评价结果记录：

学习任务3　如何正确驾驶电动汽车

一、任务描述

陈小姐在4S店买了一辆EV200，接车的时候发现和传统燃油汽车在驾驶方法上有很多不同。作为4S店的销售顾问应该如何告诉陈小姐电动汽车正确的驾驶方法和注意事项呢？

教师协助学生分析学习情境，运用问题引导法：

1. 你所面对的是什么类型的车辆？

2. 你在任务中的角色是什么？

3. 你的工作任务是什么？

二、任务分析

根据任务描述中车辆的情况明确本次工作任务，并分析完成本次工作任务所需要掌握的知识点。

三、任务资讯

1. 电动汽车钥匙门上的四个档位的含义

LOCK：

ACC：
ON：
START：

左图中，表示车辆处在_____档位。
旋至该档位时踩制动踏板，会有_____功能。_____表示此档位该功能的强度。

2. 仪表盘

根据下图，完成下面空缺部分指示灯的含义。

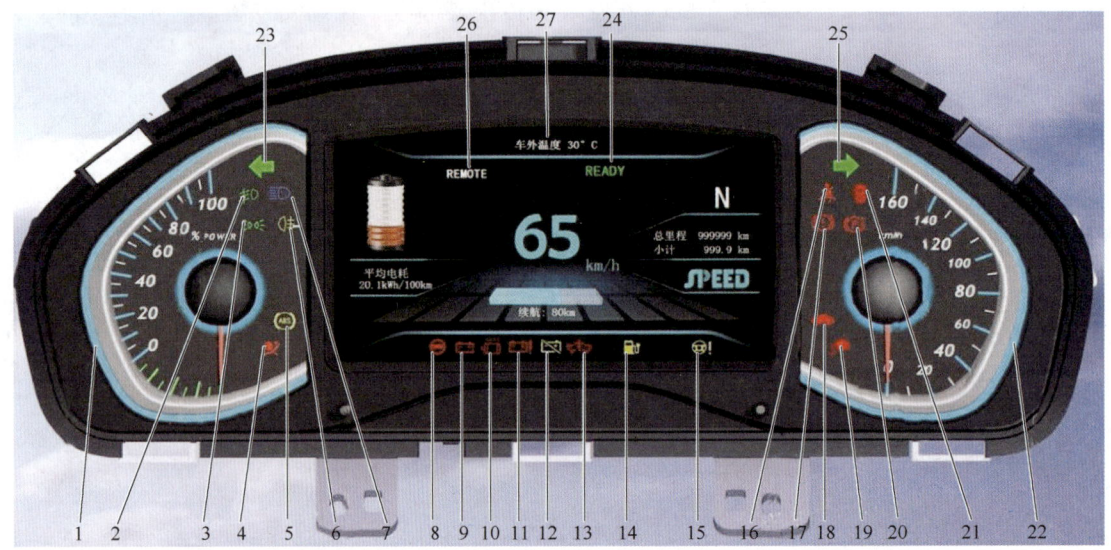

1—　　　　　　　　2—　　　　　　　　3—示廓灯

4—安全气囊指示灯　　5—ABS 指示灯　　　6—后雾灯

7—远光灯　　　　　　8—跛行指示灯　　　9—

10—　　　　　　　　11—　　　　　　　　12—

13—系统故障灯　　　14—　　　　　　　　15—EPS 故障指示灯

16—　　　　　　　　17—制动故障指示灯　18—防盗指示灯

19—　　　　　　　　20—驻车制动指示灯　21—门开指示灯

22—车速表　　　　　23/25—左/右转向指示灯　24—

26—REMOTE 指示灯　27—车外温度提示

3. 根据电动汽车正确驾驶步骤，完成下面的流程图

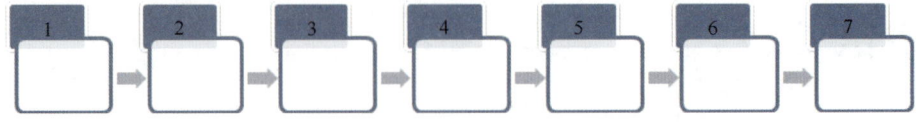

4. 填空

1）行驶速度尽量不要超过_____，暴雨尽量不要行驶，时速不应超过_____。

2）当车辆被积水浸泡时，不要考虑继续行驶，应_____并离开车内，尽量不要与车身金属接触，以免发生_____。

3）避免车辆暴晒。建议将车辆停放在_____处，以防车内温度过高，造成安全隐患。

4）电动汽车车辆在冬季低温行驶后，应及时_____。

5）检查充电桩充电电流，若充电电流达到_____以上，表明充电已开启。

5. 完成处理车辆起火事故的步骤

① → ② → ③ → ④

6. 判断

1）车辆在需要救援时，应首先选择专业拖车公司，不得盲目自行拖拽，以免对车辆造成不可逆的损坏。（　　）

2）拖车时建议使用硬拖，选择合适的拖车杠。在自行拖车时，因车辆特性需控制拖车时速不超过30km/h。（　　）

3）在遭遇凹凸不平的路面时，应加速通过。（　　）

4）当电动汽车发生磕碰底盘时，应立即停车，检查动力电池是否发生损坏。（　　）

四、计划决策

> **温馨提示**
>
> 请各小组学习、思考和讨论解决问题的具体工作计划，考虑时间、工具和物料并将流程图画在下面空白处，接下来各组派出代表陈述本组的工作方案。

工作计划流程图

> **温馨提示**
>
> 各小组对其他组的工作计划进行互评、教师总评。各小组根据教师和各组的评价进行方案优化,并将优化方案写在下面方框内。

优化后的流程图

工具准备:

序　号	工具名称	工具数量
工具使用规范	请填写工具使用规范	

五、任务实施

1. 驾驶电动汽车操作过程

序　号	实施步骤	是否完成
1		是□ 否□
2		是□ 否□
3		是□ 否□
4		是□ 否□
5		是□ 否□
6		是□ 否□
7		是□ 否□

2. 灭火器正确使用过程

序　号	实施步骤	是否完成
1		是□ 否□
2		是□ 否□
3		是□ 否□
4		是□ 否□

六、任务检查与评价

1. 请进行必要的最终检查和"6S"管理
2. 请根据实施过程进行总结并完善工作计划

总结内容和改进工作计划：

_____

_____

3. 学生填写自评表

要求每一个小组学生派代表上讲台讲述小组的学习成果和经验收获。

课堂小组经验分享记录：

4. 教师填写总评表

教师评价结果记录：

学习任务4　如何正确给电动汽车充电

一、任务描述

郑先生刚从 4S 店新买了一辆 EV200，行驶一段里程后，仪表盘显示电量不足需及时充电。他应该怎样给自己的爱车充电，既能满足行驶里程又能提高动力电池的使用寿命呢？

教师协助学生分析学习情境，运用问题引导法：

1. 你所面对的是什么类型的车辆？

2. 你在任务中的角色是什么？

3. 你的工作任务是什么？

二、任务分析

根据任务描述中车辆的情况明确本次工作任务，并分析完成本次工作任务所需要掌握的知识点。

三、任务资讯

1. 电动汽车充电方式

电动汽车有_____和_____两种充电方式。

2. 快充和慢充的区别

3. 使用充电卡给电动汽车充电

1）当停止充电时，必须先断开_____，再断开_____。

2）当充电线连接电动汽车车身和充电桩后，汽车中控仪表板上会显示_____、充电电流（电流_____为充电，_____为放电）以及已充电电量等信息。

4. 判断

1）在正确的充电过程中，车载充电机上"POWER"和"RUN"两个指示灯会亮。（   ）

2）充电次数就是充电周期。（   ）

3）如果需要长期停放车辆，首先要断开蓄电池负极，动力电池电量最好在50%~80%时停放。（   ）

4）雨天尽量不要给电动汽车充电。（   ）

5）快充会影响动力电池使用寿命。（   ）

6）快充口在前格栅，如果发生追尾，会有漏电安全问题。（   ）

7）电动汽车随车都会配备充电线，家用插座必须使用16A的才能安全。（   ）

8）快充是交流供电。（   ）

四、计划决策

> **温馨提示**
>
> 请各小组学习、思考和讨论解决问题的具体工作计划，考虑时间、工具和物料并将流程图画在下面空白处，接下来各组派出代表陈述本组的工作方案。

工作计划流程图

> **温馨提示**
>
> 各小组对其他组的工作计划进行互评、教师总评。各小组根据教师和各组的评价进行方案优化,并将优化方案写在下面方框内。

优化后的流程图

工具准备:

序　号	工具名称	工具数量
工具使用规范	请填写工具使用规范	

五、任务实施

1. 对仪器进行检查

请按规范方法依次检查仪器,并将检查方法与检查结果填写在下表中。

检查仪器名称	检 查 方 法	是 否 正 常
充电线	充电线是否有破损、弯折	是□ 否□
充电枪	充电枪上的按钮是否正常,枪口针孔是否破损	是□ 否□

2. 充电卡充电操作过程

序 号	实 施 步 骤	是 否 完 成
1		是□ 否□
2		是□ 否□
3		是□ 否□
4		是□ 否□
5		是□ 否□
6		是□ 否□

3. 手机 APP 充电操作过程

序 号	实 施 步 骤	是 否 完 成
1	连接充电插头	是□ 否□
2	扫描二维码	是□ 否□
3	确认充电	是□ 否□
4	开始充电实时计费	是□ 否□
5	停止充电,结束计费	是□ 否□

六、任务检查与评价

1. 请进行必要的最终检查和"6S"管理
2. 请根据实施过程进行总结并完善工作计划

总结内容和改进工作计划:

3. 学生填写自评表

要求每一个小组学生派代表上讲台讲述小组的学习成果和经验收获。

课堂小组经验分享记录：

4. 教师填写总评表

教师评价结果记录：

学习任务 5　清洁电动汽车

一、任务描述

孙小姐的 EV200E 需要年检，此时正值当地的雨季，车身都是泥点，看不清楚车辆外观的情况，孙小姐决定去 4S 店先对她的爱车进行清洗。作为 4S 店的一名技师，将会如何清洗孙小姐的电动汽车呢？

教师协助学生分析学习情境，运用问题引导法：

1. 你所面对的是什么类型的车辆？

2. 你在任务中的角色是什么？

3. 你的工作任务是什么？

二、任务分析

根据任务描述中车辆的情况明确本次工作任务，并分析完成本次工作任务所需要掌握的知识点。

三、任务资讯

1. 车辆外观冲洗

1) 正确清洗电动汽车的步骤为 _____、_____、擦洗、_____、擦车和_____。

2) 冲车的顺序。
_____
_____

3) 驾驶室内清洁的顺序。
_____
_____

2. 判断

1) 在洗车时应尽量避免高压水枪直接对准前格栅冲刷。（   ）
2) 电动汽车各主要部件都已做防水试验，满足 IP67 防水防电等级标准。（   ）
3) 对车内饰清洗时，可以使用任意性质的洗涤液进行清洗。（   ）
4) 电动汽车机舱盖可以使用高压蒸汽水枪清洗。（   ）
5) 双手可以同时扶住车身，用干布清洁电动汽车机舱内部。（   ）

四、计划决策

> **温馨提示**
>
> 请各小组学习、思考和讨论解决问题的具体工作计划，考虑时间、工具和物料并将流程图画在下面空白处，接下来各组派出代表陈述本组的工作方案。

工作计划流程图

> **温馨提示**
>
> 各小组对其他组的工作计划进行互评、教师总评。各小组根据教师和各组的评价进行方案优化,并将优化方案写在下面方框内。

优化后的流程图

工具准备:

序　号	工具名称	工具数量
工具使用规范	请填写工具使用规范	

五、任务实施

清洁电动汽车操作过程。

序　号	实施步骤	是否完成
1		是☐ 否☐
2		是☐ 否☐
3		是☐ 否☐
4		是☐ 否☐
5		是☐ 否☐
6		是☐ 否☐

六、任务检查与评价

1. 请进行必要的最终检查和"6S"管理
2. 请根据实施过程进行总结并完善工作计划

总结内容和改进工作计划：

_____

_____

3. 学生填写自评表

要求每一个小组学生派代表上讲台讲述小组的学习成果和经验收获。

课堂小组经验分享记录：

4. 教师填写总评表

教师评价结果记录：

学习情境3

动力电池系统的检查与维护

- 动力电池系统的检查与维护
  - 检查与维护动力电池外部
    - 动力电池的认知
      - 类型
      - 特点
      - 对比
      - 动力电池箱的特性
      - 动力电池箱结构认知
    - 检查与维护动力电池外部
      - 电池外观
      - 密封性
      - 螺栓紧固状态
      - CAN电阻
      - 外部绝缘性
      - 高低压接插件
  - 检查与维护动力电池内部
    - 动力电池内部的认知
    - 检查与维护动力电池内部
      - 清洁
      - 熔断器
      - 加热保险
      - 继电器线圈
      - 电池模组连接件
      - 预充电阻
      - 内部线缆
      - 保温性能
      - 内部干燥性
      - 加热系统
      - 内部绝缘性能
      - 电芯防爆膜

学习任务1　检查与维护动力电池外部

一、任务描述

王先生驾驶着自己的 EV200 行驶在起伏不平的道路时不小心磕到底盘了，不知道动力电池是否会受影响，便到 4S 店进行咨询。为了确保车辆的正常行驶，售后顾问建议及时检查动力电池是否存在故障或安全隐患。作为 4S 店的一名技师，在接到这个任务后，应该如何做好动力电池的外部检查与维护？

教师协助学生分析学习情境，运用问题引导法：

1. 你所面对的是什么类型的车辆？

2. 你在任务中的角色是什么？

3. 你的工作任务是什么？

二、任务分析

1. 请检查并记录车辆使用情况

检查项目	状态记录
周期维护灯亮起	是□ 否□
行驶里程	_____ km
上次维护时间	
检查车辆外观状态	

2. 根据任务描述中车辆的情况明确本次工作任务，并分析完成本次工作任务所需要掌握的知识点

三、任务资讯

1. 根据图片写出对应的电池的类型

_____ _____ _____ _____ _____

2. 根据以下车型和描述正确连接动力电池类型

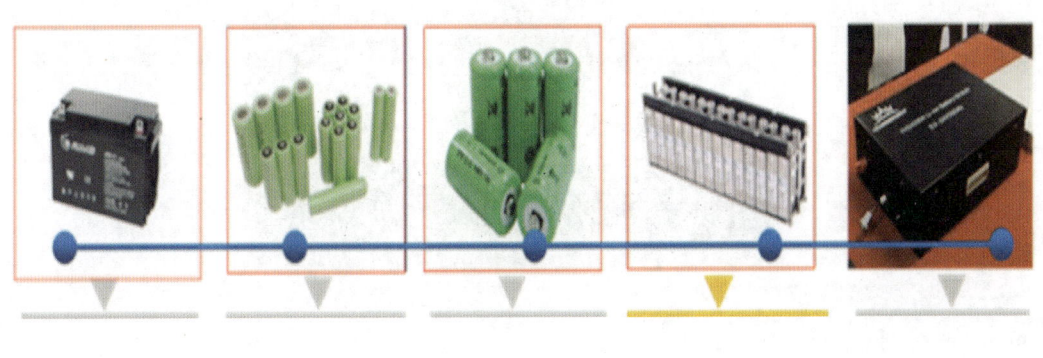

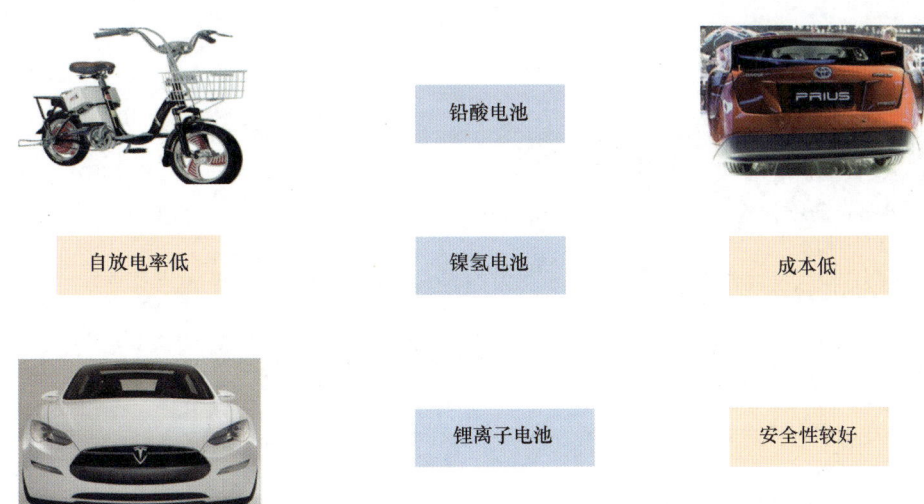

3. 常用锂离子电池性能对比

根据不同锂离子电池的性能，将锰酸锂、钴酸锂、磷酸铁锂电池和三元锂电池按顺序填入下表。

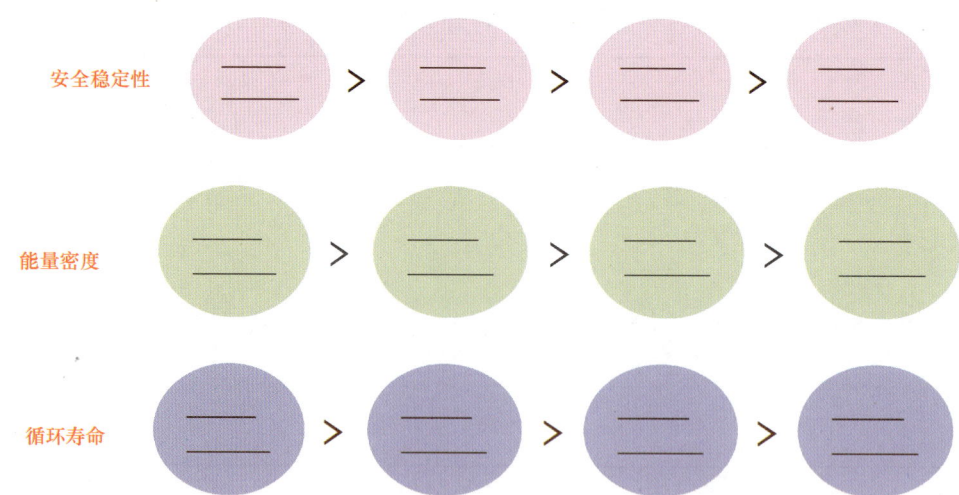

4. 请在空白框格内填写动力电池外部箱体相应的部件名称

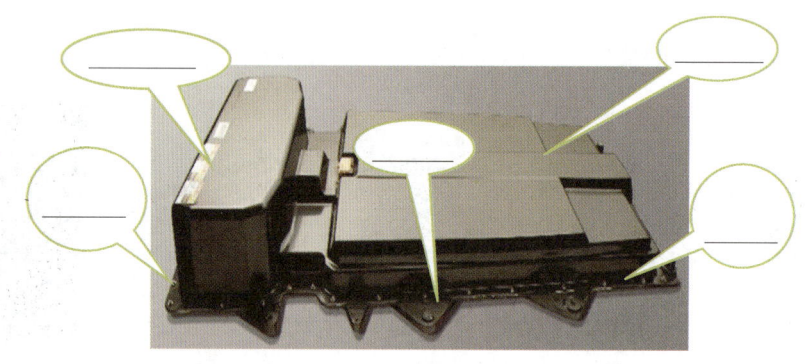

5. 以下属于电动汽车动力电池箱性能要求的请在方框内打钩

较好的散热、防水、绝缘特性	☐
防护等级 IP67	☐
重量轻、体积小、结构简单	☐
表面也不得有划痕、焊缝、毛刺和残余油迹	☐

6. 根据下面给出的描述，排列正确的检查流程顺序

①用干布将动力电池表面清洁干净，检查动力电池外观是否受到外界因素影响

②将电动汽车钥匙转动到 OFF 档，断开蓄电池负极和动力电池维修开关

③严格按照举升机使用规范举升电动汽车

④检查动力电池外部

⑤用万用表检验动力电池电压，若电压大于 0，应使用放电工装进行放电

正确的操作顺序是：_____

四、计划决策

> **温馨提示**
>
> 请各小组学习、思考和讨论解决问题的具体工作计划，考虑时间、工具和物料并将流程图画在下面空白处，接下来各组派出代表陈述本组的工作方案。

工作计划流程图

> **温馨提示**
>
> 各小组对其他组的工作计划进行互评、教师总评。各小组根据教师和各组的评价进行方案优化，并将优化方案写在下面方框内。

优化后的流程图

工具准备：

序　号	工具名称	工具数量

（续）

序　号	工具名称	工具数量
工具使用规范	请填写工具使用规范	

五、任务实施

1. 对仪器进行检查

请按规范依次检查仪器，并将检查方法与检查结果填写在下表中。

检查仪器名称	检查方法	是否正常
防护用具		是□ 否□
拆装工具		是□ 否□
检测工具 名称_____		是□ 否□

2. 操作过程

序　号	实施步骤	是否完成
一	**检查与维护前的准备工作**	
1	关闭点火开关，拔下钥匙	是□ 否□
2	拆下低压蓄电池负极，使用绝缘胶带包好	是□ 否□
3	佩戴绝缘手套，断开动力电池高压维修开关	是□ 否□
4	拆下动力电池总正、总负和低压线束插头	是□ 否□
二	**检查动力电池的外观**	
1	检查上盖有无裂痕、磕碰、凹陷和凸起等	是□ 否□
2	检查下托盘边缘有无变形、开裂，底部有无凹陷变形	是□ 否□
3	检查下托盘压条螺钉有无松动	是□ 否□
4	检查动力电池标识是否清晰，有无破损	是□ 否□
5	检查正、负极引出线附近螺栓有无断裂	是□ 否□
6	检查采样线接口有无破损	是□ 否□
三	**检查动力电池箱的密封性能**	
1	正确连接真空表组件及气泵管路	是□ 否□
2	抽真空3~5min，检查负压是否达到_____	是□ 否□
3	如果负压真空度达到规定值，关闭真空表组开关，保持_____min左右，检查负压真空度是否在_____读数以内。若没有达到应_____	是□ 否□

(续)

序 号	实 施 步 骤	是 否 完 成
四	**检查动力电池螺栓的紧固状态**	
	检查动力电池螺栓状态,是否联接牢固,螺栓拧紧力矩为＿＿＿＿	是□ 否□
五	**检查动力电池外部高低压接插件**	
1	检查动力电池高低压接插件连接是否可靠无变形、损坏	是□ 否□
2	检查动力电池高压接插件与高压控制盒输入接插件是否正常	是□ 否□
六	**检查动力电池外部绝缘性**	
1	用数字绝缘表搭铁测量高压母线 1 端子阻值＿＿＿＿,是否符合标准值＿＿＿＿	是□ 否□
2	用数字绝缘表搭铁测量高压母线 2 端子阻值＿＿＿＿,是否符合标准值＿＿＿＿	是□ 否□
七	**检查 CAN 电阻**	
	用万用表欧姆档测量新能源 CAN H 对新能源 CAN L 电阻阻值＿＿＿＿,是否符合标准值＿＿＿＿	是□ 否□
八	6S 管理: 建立安全操作环境 清理及整理工具量具 清理及复原车辆正常状况 清洗场地 物品回收和环保 完善和检查工单	是□ 否□ 是□ 否□ 是□ 否□ 是□ 否□ 是□ 否□ 是□ 否□

六、任务检查与评价

1. 请进行必要的最终检查和"6S"管理
2. 请根据实施过程进行总结并完善工作计划

总结内容和改进工作计划:

_____

_____

3. 学生填写自评表

要求每一个小组学生派代表上讲台讲述小组的学习成果和经验收获。

课堂小组经验分享记录:

4. 教师填写总评表

教师评价结果记录：

学习任务 2　检查与维护动力电池内部

一、任务描述

李先生的一辆 EV200 电动汽车有时会出现无法行驶的偶发性故障，当出现故障时发现仪表动力电池故障指示灯点亮，到 4S 店后，售后人员说需要从车上拆卸动力电池，对动力电池内部进行检查，作为一名技师应该如何对动力电池内部进行检查和维护呢？

教师协助学生分析学习情境，运用问题引导法：

1. 你所面对的是什么类型的车辆？

2. 你在任务中的角色是什么？

3. 你的工作任务是什么？

二、任务分析

1. 请检查并记录车辆使用情况

检查项目	状态记录
周期维护灯亮起	是□ 否□
行驶里程	_____ km
上次维护时间	
检查车辆外观状态	

2. 根据任务描述中车辆的情况明确本次工作任务，并分析完成本次工作任务所需要掌握的知识点

三、任务资讯

1. 动力电池的内部组成

动力电池内部主要有_____、_____和_____。

2. 动力电池类型

1）比较下面两幅图，选择正确的动力电池类型。

SK电池

普莱德电池

2）以下是属于动力电池辅助元器件的请在方框内打钩。

熔断器	☐
总正、总负继电器	☐
动力电池模组	☐
烟雾传感器	☐
预充电阻	☐
电池管理系统	☐

3）请在空白框格内填写相应的动力电池辅助元器件名称。

3. 根据文字描述从选项中选出对应的名词

（　　）① 用来监测充、放电电流的大小　　　　　　　　　A. 熔断器

（　　）② 实时监测动力电池温度，避免动力电池过温　　　B. 电流传感器

（　　）③ 保证电动汽车高压电气安全的关键部件，维修开关位于动力电池组箱体的中间位置　　　C. 维修开关

（　　）④ 在高压系统出现短路危险时，用来保护高压系统安全的　　　D. 温度传感器

4. 在对电动汽车高压部件进行维护之前，需要做好哪些高压安全防护准备

_____
_____
_____
_____

四、计划决策

温馨提示

请各小组学习、思考和讨论解决问题的具体工作计划，考虑时间、工具和物料并将流程图画在下面空白处，接下来各组派出代表陈述本组的工作方案。

工作计划流程图

> **温馨提示**
> 各小组对其他组的工作计划进行互评,教师总评。各小组根据教师和各组的评价进行方案优化,并将优化方案写在下面方框内。

优化后的流程图

工具准备:

序　号	工具名称	工具数量
工具使用规范	请填写工具使用规范	

五、任务实施

1. 对仪器进行检查

请按规范依次检查仪器,并将检查方法与检查结果填写在下表中。

检查仪器名称	检查方法	是否正常
防护用具		是□ 否□
拆装工具		是□ 否□
检测工具 名称_____		是□ 否□

2. 操作过程

序　号	实 施 步 骤	是否完成
一	**检查与维护前的准备工作**	
1	关闭点火开关,拔下钥匙	是□ 否□
2	拆下低压蓄电池负极,使用绝缘胶带包好	是□ 否□
3	佩戴绝缘手套,断开动力电池高压维修开关	是□ 否□
4	拆下动力电池总正、总负和低压线束插头	是□ 否□
二	**清洁动力电池箱内部**	
	检查动力电池箱内部是否有粉尘,若有用高压气枪清理	是□ 否□
三	**检查与维护熔断器**	
	用万用表二极管档测量熔断器通断,是否损坏	是□ 否□
四	**检查与维护加热熔丝及电流传感器**	
	用万用表____档测量加热熔丝及电流传感器是否导通	是□ 否□
五	**检测与维护继电器线圈**	
	用万用表____档检测总正和总负继电器的线圈电阻,阻值____是否需要更换	是□ 否□
六	**检查与维护预充电阻**	
	用万用表____档检测预充电阻的电阻值是否符合正常阻值_____	是□ 否□
七	**检查与维护内部线缆**	
	检查动力电池内部高压线缆,确保连接可靠,必须佩戴____	是□ 否□
八	**检查与维护动力电池模组连接件和安装点**	
	检查动力电池模组电路螺栓联接是否可靠	是□ 否□
九	**检查与维护动力电池的保温性和干燥性**	
1	检查动力电池包内部边缘保温棉是否脱落、损坏	是□ 否□
2	检查动力电池箱内部是否有积水,并用绝缘表测量动力电池箱的绝缘性能	是□ 否□
十	**检查与维护电芯防爆膜及外观**	
	检查电芯防爆膜、电芯外观绝缘是否破损 检查时必须佩戴_____	是□ 否□
十一	**检查动力电池内部绝缘性能**	
	用数字绝缘表____档测试总正、总负搭铁阻值,阻值是否符合规定≥____Ω/V	是□ 否□
十二	**6S 管理:** 建立安全操作环境 清理及整理工具量具 清理及复原车辆正常状况 清洗场地 物品回收和环保 完善和检查工单	是□ 否□ 是□ 否□ 是□ 否□ 是□ 否□ 是□ 否□ 是□ 否□

六、任务检查与评价

1. 请进行必要的最终检查和"6S"管理
2. 请根据实施过程进行总结并完善工作计划

总结内容和改进工作计划：
_____
_____

3. 学生填写自评表

要求每一个小组学生派代表上讲台讲述小组的学习成果和经验收获。

课堂小组经验分享记录：

4. 教师填写总评表

教师评价结果记录：

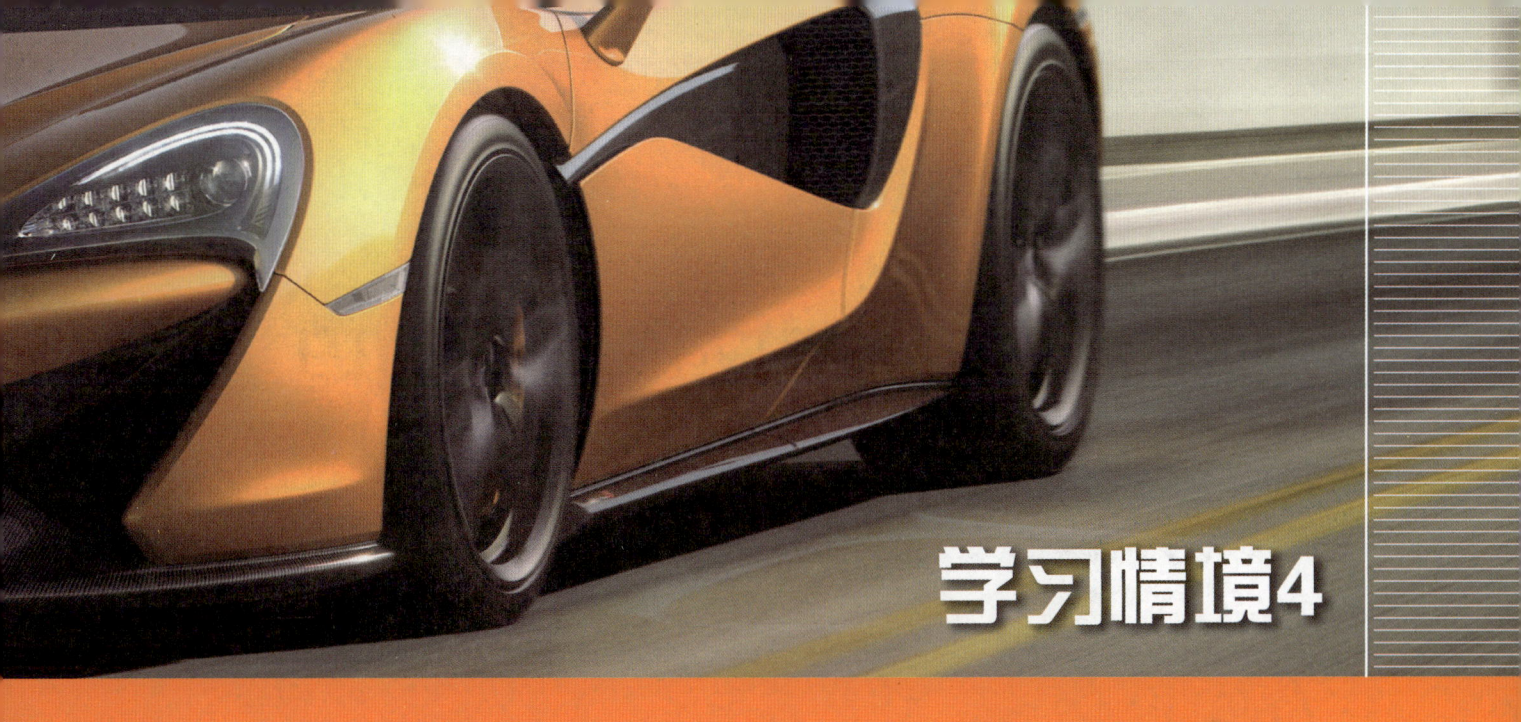

学习情境4

驱动电机系统的检查与维护

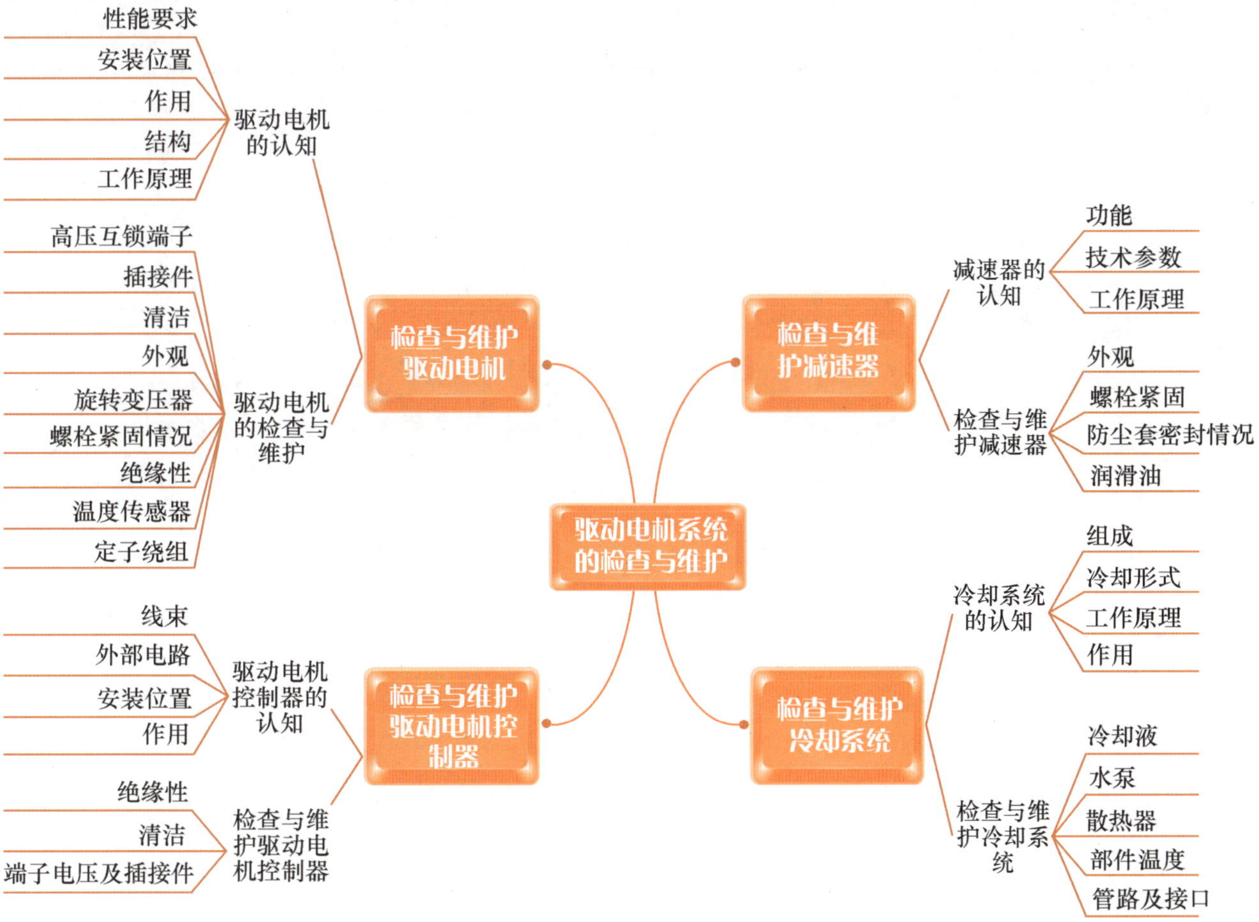
驱动电机系统的检查与维护
检查与维护驱动电机
驱动电机的认知
性能要求
安装位置
作用
结构
工作原理
驱动电机的检查与维护
高压互锁端子
插接件
清洁
外观
旋转变压器
螺栓紧固情况
绝缘性
温度传感器
定子绕组
检查与维护驱动电机控制器
驱动电机控制器的认知
线束
外部电路
安装位置
作用
检查与维护驱动电机控制器
绝缘性
清洁
端子电压及插接件
检查与维护减速器
减速器的认知
功能
技术参数
工作原理
检查与维护减速器
外观
螺栓紧固
防尘套密封情况
润滑油
检查与维护冷却系统
冷却系统的认知
组成
冷却形式
工作原理
作用
检查与维护冷却系统
冷却液
水泵
散热器
部件温度
管路及接口

学习任务1　检查与维护驱动电机

一、任务描述

近期，北汽4S店举行"乐享一夏，E起深呼吸"到店免费检测活动，李先生的EV200应邀回店参加免费检查活动。此时需要你作为维修人员协助技师按照规范程序，对车辆进行夏季常规检查活动中驱动电机的检查与维护项目。

教师协助学生分析学习情境，运用问题引导法

1）你所面对的是什么类型的车辆？

2）你在任务中的角色是什么？

3）你的工作任务是什么？

二、任务分析

1. 请检查并记录车辆使用情况

检查项目	状态记录
周期维护灯亮起	是□ 否□
行驶里程	_____ km
上次维护时间	
检查车辆外观状态	

2. 根据任务描述中车辆的情况明确本次工作任务，并分析完成本次工作任务所需要掌握的知识点

三、任务资讯

1. 驱动电机的作用

1）电动汽车的核心部件，称为"三电"，分别包括_____、_____和_____。

2）请根据示意图补充下表。

驱动电机动力输出	驱动电机制动能量回收
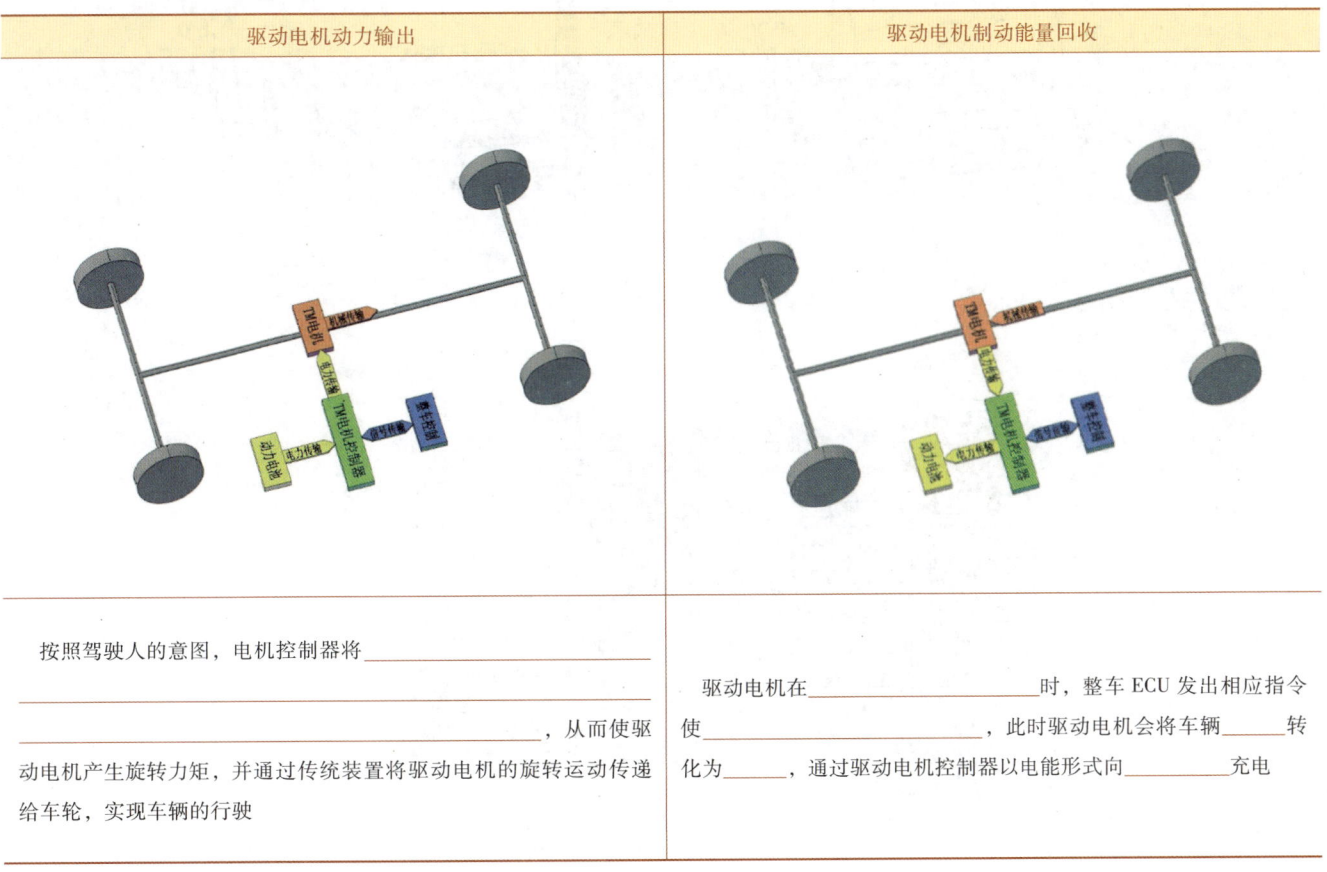	
按照驾驶人的意图，电机控制器将_____，从而使驱动电机产生旋转力矩，并通过传统装置将驱动电机的旋转运动传递给车轮，实现车辆的行驶	驱动电机在_____时，整车ECU发出相应指令使_____，此时驱动电机会将车辆_____转化为_____，通过驱动电机控制器以电能形式向_____充电

2. 电动汽车驱动电机性能要求

1）电动汽车所采用的驱动电机是通过_____让电机转动，从而实现对外输出动力。

2）以下属于新能源汽车对驱动电机具体性能要求的请在方框内打钩。

| 较大的起动转矩和较大范围的调速性能 | ☐ |

| 能够承受 4~5 倍的过载 | ☐ |

| 高电压、高转速、重量轻、体积小 | ☐ |

| 有良好的可靠性、耐温和耐潮湿，运行时噪声低 | ☐ |

| 驱动电机要结构简单、使用维修方便 | ☐ |

3. 驱动电机的结构

1）以三相交流永磁同步电机为例，驱动电机主要由_____、_____、前后端盖和_____组成。

请在空白框格内填写相应的部件名称。

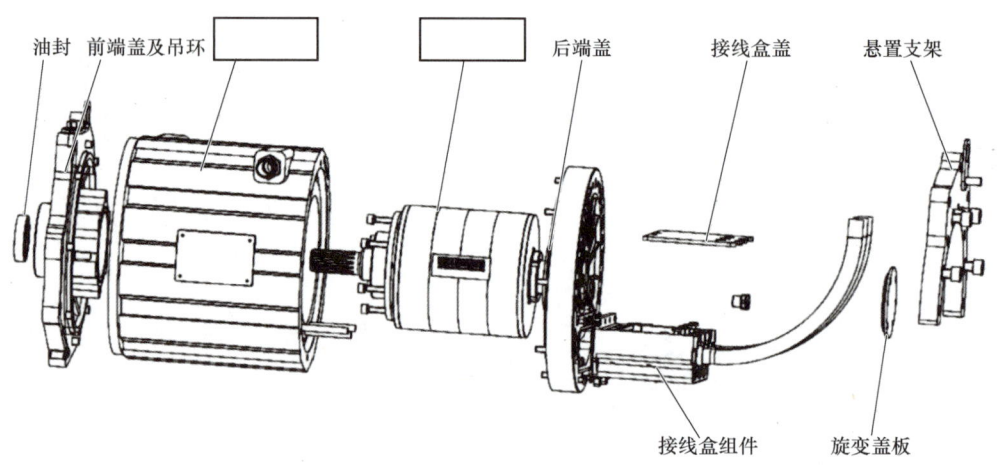

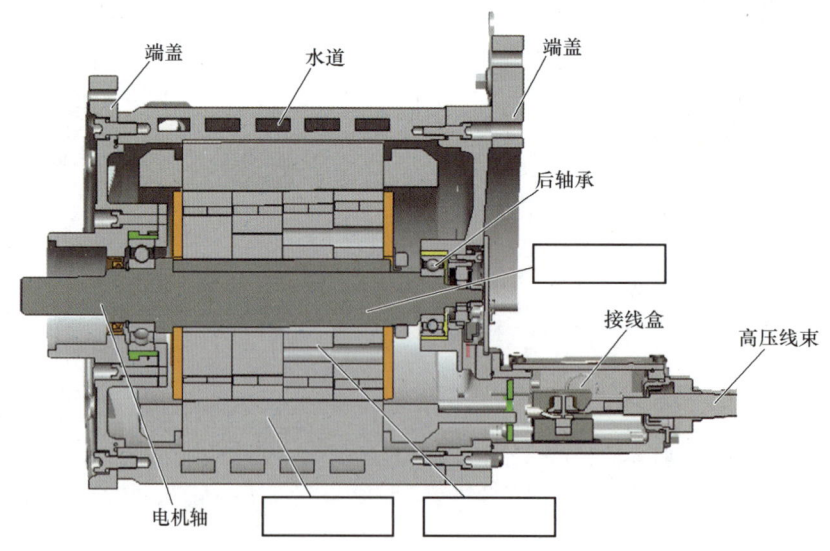

2）请填写表格中部件的名称，并将其功用补充完整。

部　件	部件名称	部件功用
	_____	它是一种_____传感器，驱动电机用它监测_____，并将此信号反馈给_____
	_____	它采用_____电阻，用以检测_____温度，提供散热风扇启动的信号，并向_____进行反馈

4. 请简述异步交流电机和永磁同步电机各有何特点，北汽 EV200 汽车采用的是什么驱动电机？

_____

_____

_____

_____

_____

5. 对于驱动电机系统的维护，请将下表填写完整，并在日常和定期相应的维护项目处打钩

维护类型 维护项目	日常维护 检查与维护时间_____	定期维护 检查与维护时间_____
检查驱动电机的外观		
清除驱动电机机座外部的灰尘、油泥		
检查驱动电机接插件状态		
检查驱动电机螺栓紧固情况		
检查驱动电机的绝缘情况		
检查车辆运行过程中驱动电机是否有异响；注意区分是机械噪声（类似"咔咔""嗒嗒"声），还是电磁噪声（类似"嗞、嗞、嗞"，频率高，刺耳），如果是后者，可暂时不考虑处理		
检查驱动电机与减速器轴花键状态，如花键表面油脂有流失，需及时补充		
检查驱动电机定子绕组的阻值		

(续)

维护类型 维护项目	日常维护 检查与维护时间_____	定期维护 检查与维护时间_____
检查旋转变压器的阻值		
检查电机温度传感器的阻值		

四、计划决策

温馨提示

请各小组学习、思考和讨论解决问题的具体工作计划,考虑时间、工具和物料并将流程图画在下面空白处,接下来各组派出代表陈述本组的工作方案。

工作计划流程图

温馨提示

各小组对其他组的工作计划进行互评、教师总评。各小组根据教师和各组的评价进行方案优化,并将优化方案写在下面方案内。

优化后的流程图

工具准备：

序　号	工具名称	工具数量
工具使用规范	请填写工具使用规范	

五、任务实施

1. 对仪器进行检查

请按规范依次检查仪器，并将检查方法与检查结果填写在下表中。

检查仪器名称	检查方法	是否正常
防护用具		是□ 否□
拆装工具		是□ 否□
检测工具 名称_____		是□ 否□

2. 操作过程

序　号		实施步骤	是否完成
一		**检查与维护前的准备工作**	
	1	关闭点火开关，拔下钥匙	是□ 否□
	2	拆下低压蓄电池负极，使用绝缘胶带包好	是□ 否□
	3	佩戴绝缘手套，断开动力电池高压维修开关	是□ 否□
	4	拆下动力电池总正、总负和低压线束插头	是□ 否□
二		**检查驱动电机的外观**	
	1	检查驱动电机表面是否有油液污渍，是否存在漏液现象。若有，请记录_____	是□ 否□
	2	检查驱动电机的上水管和下水管有无裂纹和泄漏	是□ 否□
	3	目测车身底部防护层、驱动电机是否有磕碰、损坏	是□ 否□
三		**清除电机机座外部的灰尘、油泥**	
		使用压缩空气或干布对驱动电机的外观进行清洁	是□ 否□
四		**检查驱动电机的接插件状态**	
	1	检查驱动电机高压接插件连接状态是否完好	是□ 否□

（续）

序　号	实施步骤	是否完成
2	目测各个接插件是否存在退针、变形、松脱、过热和损坏的情况。若有，请记录_____	是□ 否□
3	检查驱动电机低压接插件连接状态是否完好	是□ 否□
4	目测各个接插件是否存在退针、变形、松脱、过热和损坏的情况。若有，请记录_____	是□ 否□
五	检查驱动电机的紧固情况	
	检查驱动电机各固定部分螺钉状态 驱动电机与变速器总成安装螺栓、螺母拧紧力矩_____ 驱动电机与右旋置总成安装螺栓拧紧力矩_____	是□ 否□
六	检查驱动电机的绝缘情况	
1	观察电动机铭牌，根据电动机的额定电压选择合适的绝缘表	是□ 否□
2	测量电机搭铁绝缘 将电阻表黑色笔接于车身，红表笔逐个测量驱动电机三相交流电端子 U 相_____，V 相_____，W 相_____ 判断： U 相、V 相、W 相的搭铁绝缘指针应指向_____或380V 电机绝缘值应大于_____	是□ 否□
七	检查驱动电机定子绕组的阻值	
1	判断三相定子绕组之间有无通断，使用万用表测量驱动电机的定子绕组 U 和 V 之间阻值是否正常	是□ 否□
2	使用万用表测量驱动电机的定子绕组 V 和 W 之间阻值是否正常	是□ 否□
3	使用万用表测量驱动电机的定子绕组 W 和 U 之间阻值是否正常	是□ 否□
八	检查驱动电机旋转变压器	
1	检查电机控制器与电机连接低压线束无退针与虚接现象	是□ 否□
2	将车辆升起，用万用表测量电机旋变传感器的阻值，电机旋变分为三组： 第一组针脚 A-B 阻值为 (33±10)Ω 实测____Ω，判断是否正常：是□ 否□ 第二组针脚 C-D 阻值为 (60±10)Ω 实测____Ω，判断是否正常：是□ 否□ 第三组针脚 E-F 阻值为 (60±10)Ω 实测____Ω，判断是否正常：是□ 否□	是□ 否□
3	检查驱动电机温度传感器的好坏，可通过测量其电阻来判断 常温冷态情况下： 温度传感器阻值：G-H　83kΩ　实测____Ω 判断是否正常：是□ 否□	是□ 否□
4	检查驱动电机高压互锁端子，测量驱动电机高压互锁的电阻值，端子 L 和 M 之间，若阻值为无穷大，断路 实测____Ω　　　　　　　　　判断是否正常：是□ 否□	是□ 否□

（续）

序　号	实施步骤	是否完成
九	**6S 管理：** 建立安全操作环境 清理及整理工具量具 清理及复原车辆正常状况 清洗场地 物品回收和环保 完善和检查工单	是□ 否□ 是□ 否□ 是□ 否□ 是□ 否□ 是□ 否□ 是□ 否□

六、任务检查与评价

1. 请进行必要的最终检查和"6S"管理
2. 请根据实施过程进行总结并完善工作计划

总结内容和改进工作计划：

3. 学生填写自评表

要求每一个小组学生派代表上讲台讲述小组的学习成果和经验收获。

课堂小组经验分享记录：

4. 教师填写总评表

教师评价结果记录：

学习任务 2　检查与维护驱动电机控制器

一、任务描述

近期，薛小姐的 EV200 应邀回店参加免费检查维护活动。作为维修人员，利用本学习任务所学知识，根据现场工作管理规范，完成电动汽车驱动电机控制器的维护工作，并向薛小姐解释电动汽车定期维护工作的重要性。

教师协助学生分析学习情境，运用问题引导法

1）你所面对的是什么类型的车辆？

2）你在任务中的角色是什么？

3）你的工作任务是什么？

二、任务分析

1. 请检查并记录车辆使用情况

检查项目	状态记录
周期维护灯亮起	是□　否□
行驶里程	_____ km
上次维护时间	
检查车辆外观状态	

2. 根据任务描述中车辆的情况明确本次工作任务，并分析完成本次工作任务所需要掌握的知识点

三、任务资讯

1. 说明驱动电机控制器都有哪些作用
_____
_____

2. 请填写驱动电机控制器外部电路的连接线束

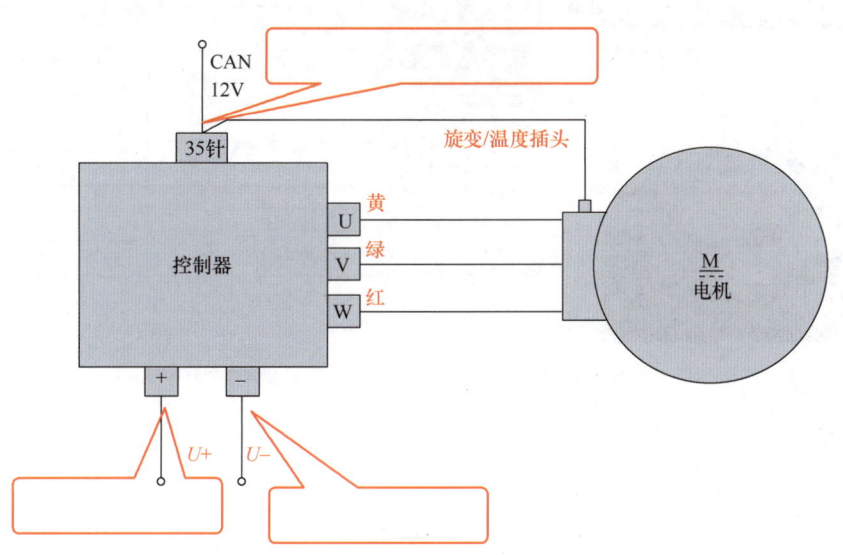

驱动电机控制器高压部分接收由高压控制盒分配的_____，并将其经过变压处理为高压交流电源输送给_____，控制驱动电机动力输出。驱动电机控制器接收来自_____的信号输入，以及来自驱动电机旋变传感器、电机温度传感器的信号输入，通过对这些信号进行内部处理，从而控制驱动电机三相交流电的大小和方向等参数。

驱动电机控制器的线束，分为_____线束和_____线束，分别为_____、_____和_____。

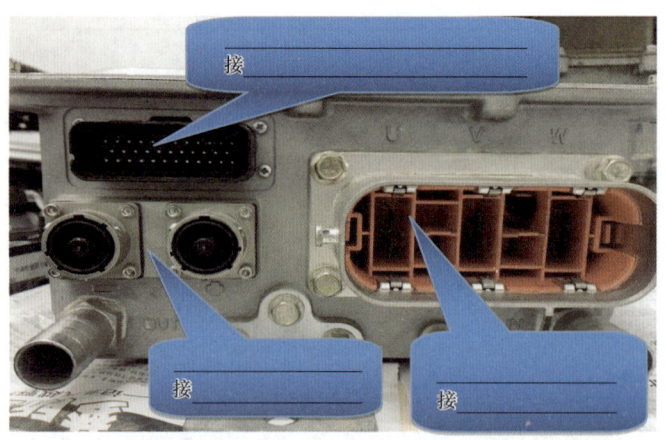

3. 请补充驱动电机控制器低压线束相应序号端子的定义

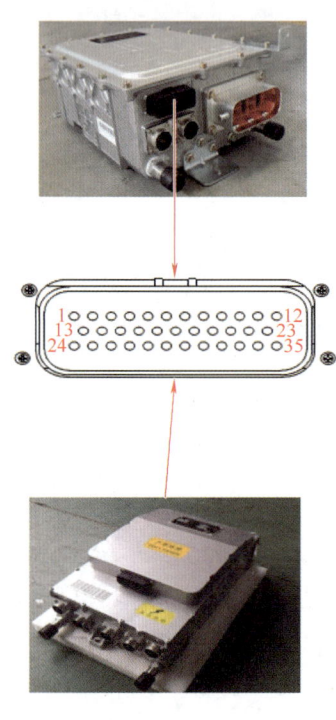

序　号	信号名称	说　明
12		电机旋转变压器接口
11		
35		
34		
23		
24	12V-GND	
1	12V+	
10	TH	
9	TL	
15	HVIL1(+L1)	
26	HVIL2(+L2)	

四、计划决策

> 🚗 **温馨提示**
>
> 　　请各小组学习、思考和讨论解决问题的具体工作计划，考虑时间、工具和物料并将流程图画在下面空白处，接下来各组派出代表陈述本组的工作方案。

工作计划流程图

> 🚗 **温馨提示**
>
> 各小组对其他组的工作计划进行互评、教师总评。各小组根据教师和各组的评价进行方案优化,并将优化方案写在下面方框内。

优化后的流程图

工具准备:

序 号	工具名称	工具数量
工具使用规范	请填写工具使用规范	

五、任务实施

1. 对仪器进行检查

请按规范依次检查仪器，并将检查方法与检查结果填写在下表中。

检查仪器名称	检查方法	是否正常
防护用具		是□ 否□
拆装工具		是□ 否□
检测工具 名称_____		是□ 否□

2. 操作过程

序　号	实施步骤	是否完成
一	**检查与维护前的准备工作**	
1	关闭点火开关，拔下钥匙	是□ 否□
2	拆下低压蓄电池负极，使用绝缘胶带包好	是□ 否□
3	佩戴绝缘手套，断开动力电池高压维修开关	是□ 否□
4	拆下动力电池总正、总负和低压线束插头	是□ 否□
二	**检查与清洁驱动电机控制器**	
1	检查驱动电机控制器表面是否有油液污渍。若有，请记录_____	是□ 否□
2	检查驱动电机控制器冷却液管有无裂纹、有无渗漏，接头处有无泄漏现象。若有，请记录_____	是□ 否□
3	目测驱动电机控制器外观有无磕碰、变形或损坏，并使用压缩空气或干布对驱动电机控制器的外观进行清洁。若有，请记录_____	是□ 否□
三	**检查驱动电机控制器端子电压及接插件**	
1	检查驱动电机控制器高压接插件是否连接到位，是否有退针现象，或是否存在触点烧蚀情况。若有，请记录_____	是□ 否□
2	检查驱动电机控制器低压接插件是否连接到位，是否有退针现象，或是否存在触点烧蚀情况。若有，请记录_____	是□ 否□
3	检测驱动电机控制器低压线束控制电源 使用万用表检测35针插头24脚和1脚电压应在9～16V范围内。实测_____，判断是否正常：是□ 否□	是□ 否□
四	**检查驱动电机控制器高压电缆绝缘性能**	
	车辆在充电或行驶中动力电池报绝缘故障，在检测其他高压系统绝缘阻值正常情况下，需检查驱动电机控制器和连接电机控制器的高压线缆绝缘阻值是否正常 　检测方法：_____ _____ _____ 　驱动电机控制器的搭铁绝缘值应大于_____	是□ 否□

(续)

序　号	实　施　步　骤	是　否　完　成
五	检查驱动电机控制器的紧固情况	
	检查驱动电机控制器各固定部分螺钉状态。若有，请记录＿＿＿＿＿	是□ 否□
六	6S 管理： 建立安全操作环境 清理及整理工具量具 清理及复原车辆正常状况 清洗场地 物品回收和环保 完善和检查工单	是□ 否□ 是□ 否□ 是□ 否□ 是□ 否□ 是□ 否□ 是□ 否□

六、任务检查与评价

1. 请进行必要的最终检查和"6S"管理
2. 请根据实施过程进行总结并完善工作计划

总结内容和改进工作计划：

3. 学生填写自评表

要求每一个小组学生派代表上讲台讲述小组的学习成果和经验收获。

课堂小组经验分享记录：

4. 教师填写总评表

教师评价结果记录：

学习任务 3　检查与维护减速器

一、任务描述

王先生的一辆北汽 EV200 电动汽车近期发现减速器部件附近有渗油现象，王先生决定去 4S 店对他的爱车进行检查与维护，服务顾问将王先生车辆存在的问题告诉了你，那么作为 4S 店的维修人员，你如何给王先生的爱车进行减速器检查与维护呢？

教师协助学生分析学习情境，运用问题引导法

1. 你所面对的是什么类型的车辆？

2. 你在任务中的角色是什么？

3. 你的工作任务是什么？

二、任务分析

1. 请检查并记录车辆使用情况

检查项目	状态记录
周期维护灯亮起	是□ 否□
行驶里程	_____ km
上次维护时间	
检查车辆外观状态	

2. 根据任务描述中车辆的情况明确本次工作任务，并分析完成本次工作任务所需要掌握的知识点

三、任务资讯

1. 减速器的功能

1）电动汽车减速器都有哪些作用？
_____
_____

2）EV200 整车采用的减速器是一款前置前驱减速器，左右分箱、两级传动结构，采用前进档和倒档共用结构进行设计，整车倒档通过_____实现。

减速器动力传递路线为：

☐ → 减速器 ☐ → 输入轴轴齿 → 中间轴齿轮 → 中间轴轴齿 → ☐ → 左右半轴 → 左右车轮

2. 检查减速器的外观

减速器产生渗漏油，主要原因如下：_____磨损或损坏、_____磨损或损坏、_____处漏油、箱体破裂、油量过多由通气塞冒出。

3. 请在横线处填写关于减速器更换润滑油操作步骤的正确顺序

① 在换油前，必须停车断电，水平提升车辆

② 拆下油位螺塞、进油螺塞

③ 放油螺塞涂布少量密封胶，并按规定力矩（12～18N·m）拧紧

④ 拆下放油螺塞，排放废油，用一个带有刻度的容器来收集润滑油

⑤ 按规定型号加注润滑油，按规定油量（加注到油位孔）加注规定的新油

⑥ 使用变速器油加注器按规定加注减速器润滑油，加注至油位正常

⑦ 在升起车辆的状态下，检查油位以及是否漏油，如有漏油，应处理

⑧ 油位螺塞、进油螺塞涂布少量密封胶，并按规定力矩拧紧，拧紧力矩为 12～18N·m

正确的操作步骤为：_____
_____

四、计划决策

> 🚗 **温馨提示**
> 　　请各小组学习、思考和讨论解决问题的具体工作计划，考虑时间、工具和物料并将流程图画在下面空白处，接下来各组派出代表陈述本组的工作方案。

工作计划流程图

> 🚗 **温馨提示**
> 　　各小组对其他组的工作计划进行互评、教师总评。各小组根据教师和各组的评价进行方案优化，并将优化方案写在下面方框内。

优化后的流程图

工具准备：

序　号	工具名称	工具数量
工具使用规范	请填写工具使用规范	

五、任务实施

1. 对仪器进行检查

请按规范依次检查仪器，并将检查方法与检查结果填写在下表中。

检查仪器名称	检查方法	是否正常
防护用具		是□ 否□
拆装工具		是□ 否□
检测工具 名称_____		是□ 否□

2. 操作过程

序　号		实施步骤	是否完成
一		**检查与维护前的准备工作**	
	1	关闭点火开关，拔下钥匙	是□ 否□
	2	拆下低压蓄电池负极，使用绝缘胶带包好	是□ 否□
	3	佩戴绝缘手套，断开动力电池高压维修开关	是□ 否□
	4	拆下动力电池总正、总负和低压线束插头	是□ 否□
二		**检查减速器的外观**	
		目测检查减速器外部有无磕碰、变形，有无渗油、漏油情况。若有，请记录_____	是□ 否□
三		**检查减速器螺栓紧固情况**	
	1	检查减速器与驱动电机的螺栓联接紧固情况，有无按固定力矩拧紧。若有，请记录_____	是□ 否□
	2	检查减速器与半轴的螺栓联接紧固情况，有无按固定力矩拧紧。若有，请记录_____	是□ 否□

(续)

序　号	实施步骤	是否完成
四	**检查减速器半轴防尘套密封情况**	
	检查减速器半轴防尘套的密封情况，主要检查防尘套有无破损、漏油，防尘套紧固卡环有无松动。若有，请记录_____	是□ 否□
五	**检查和更换减速器润滑油**	
1	检查减速器润滑油	
1）	确认车辆是否处于水平状态，以检查油位	是□ 否□
2）	检查减速器是否有漏油痕迹，如有，应分析漏油原因，修理漏油部位	是□ 否□
3）	拆下油位螺塞，检查油位。如润滑油与油位螺塞孔齐平，则说明油位正常。否则，应补加规定润滑油，直到油位螺塞孔口出油为止	是□ 否□
2	更换减速器润滑油	
1）	在换油前，必须停车断电，水平提升车辆	是□ 否□
2）	在升起车辆的状态下，检查油位以及是否漏油，如有漏油，应处理	是□ 否□
3）	拆下放油螺塞，排放废油，用一个容器并带有刻度的桶来收集润滑油	是□ 否□
4）	放油螺塞涂布少量密封胶，并按规定力矩（12～18N·m）拧紧	是□ 否□
5）	拆下油位螺塞、进油螺塞	是□ 否□
6）	按规定型号加注润滑油，按规定油量（加注到油位孔）加注规定的新油	是□ 否□
7）	使用变速器油加注器按规定加注减速器润滑油，加注至油位正常	是□ 否□
8）	油位螺塞、进油螺塞涂布少量密封胶，并按规定力矩拧紧，拧紧力矩为12～18N·m	是□ 否□
六	6S 管理： 建立安全操作环境 清理及整理工具量具 清理及复原车辆正常状况 清洗场地 物品回收和环保 完善和检查工单	是□ 否□ 是□ 否□ 是□ 否□ 是□ 否□ 是□ 否□ 是□ 否□

六、任务检查与评价

1. 请进行必要的最终检查和"6S"管理
2. 请根据实施过程进行总结并完善工作计划

总结内容和改进工作计划：

_____

_____

3. 学生填写自评表

要求每一个小组学生派代表上讲台讲述小组的学习成果和经验收获。

课堂小组经验分享记录：

4. 教师填写总评表

教师评价结果记录：

学习任务4　检查与维护冷却系统

一、任务描述

　　杨小姐的北汽 EV200 电动汽车在长时间行驶时仪表总是出现"驱动电机过热"警告灯符号,但当她停下车休息一段时间再重新起动车辆此警告灯熄灭。那么作为维修人员,利用本学习任务所学知识,根据现场工作管理规范,分析此警告灯点亮的原因,请你完成杨小姐的电动汽车维护工作,并向她解释电动汽车定期维护工作的重要性。

　　教师协助学生分析学习情境,运用问题引导法

　　1. 你所面对的是什么类型的车辆?

　　2. 你在任务中的角色是什么?

　　3. 你的工作任务是什么?

二、任务分析

　　1. 请检查并记录车辆使用情况

检查项目	状态记录
周期维护灯亮起	是□ 否□
行驶里程	_____ km
上次维护时间	
检查车辆外观状态	

2. 根据任务描述中车辆的情况明确本次工作任务，并分析完成本次工作任务所需要掌握的知识点

三、任务资讯

1. 冷却系统的作用

1）传统汽车冷却系统的作用是＿＿＿。

2）发动机若不及时冷却，将造成发动机零部件＿＿＿＿＿＿，影响正常的配合间隙，导致运动件受阻甚至卡死。此外，高温还会造成发动机零部件的机械强度下降，使＿＿＿＿＿＿＿失去作用等。

2. 冷却系统的组成

1）冷却系统由＿＿＿＿＿＿、＿＿＿＿＿＿、＿＿＿＿＿＿、冷却水套和温度调节装置（节温器）、冷却液温度传感器、水泵传动带、＿＿＿＿＿＿等组成。

2）请补充方框内冷却系统的零部件名称。

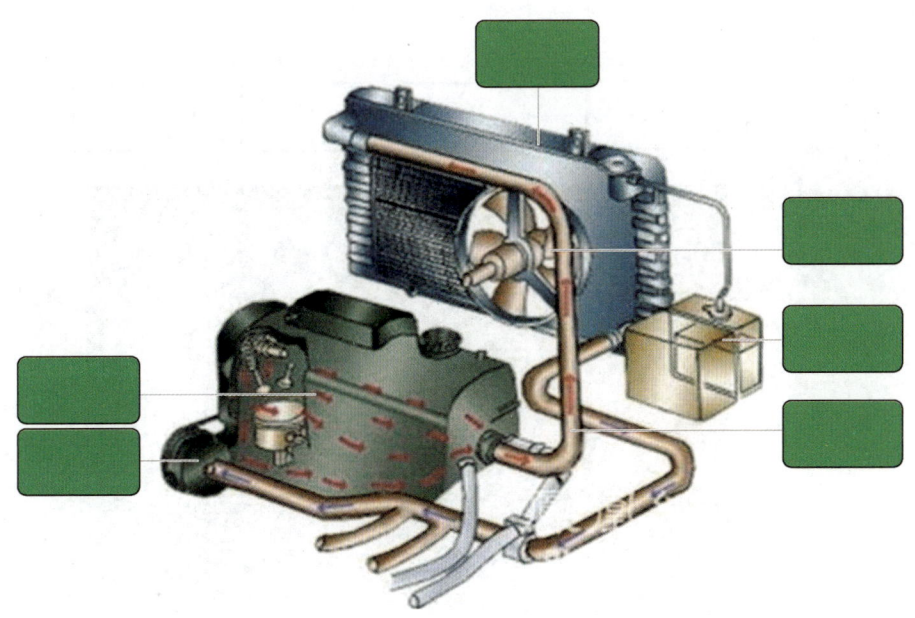

3. 冷却系统的类型

发动机的冷却系统有＿＿＿＿＿＿和＿＿＿＿＿＿之分。以＿＿＿＿＿＿＿为冷却介质的冷却系统称为风冷系

统，以_____为冷却介质的冷却系统称为水冷系统。汽车发动机的水冷系统绝大多数均为_____，其工作原理是利用_____提高冷却液的压力，强制冷却液在发动机中循环流动。电动汽车的动力电池冷却系统可以分为两种方式：_____和_____，部分车辆还在其动力电池上设计了_____。

4. 电动汽车热源

电动汽车主要的热源有_____、_____和_____等，其总的散热量大概相当于同功率传统汽车的 2.5～3 倍，而这些热源的工作温度范围又有较大的差别。

5. 电动汽车冷却系统的功用是什么？
_____
_____

6. 请补充下面电动汽车冷却系统工作原理的相关内容

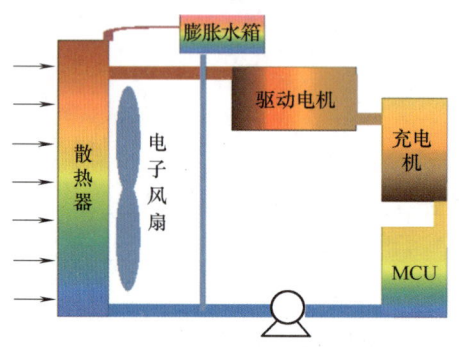

冷却液在流经 MCU（电机控制器）、_____和_____等热源时，热源通过热传导将热量传递给_____，高温冷却液通过_____提供的动力流经散热器时将热量通过热传导传递给散热器芯体，冷却空气通过热对流将热量带走，完成换热过程。

7. 请补充下面电动汽车冷却路径的相关内容

风冷充电机冷却系统的冷却路径如下：

☐ → MCU → ☐ → ☐ → 水泵

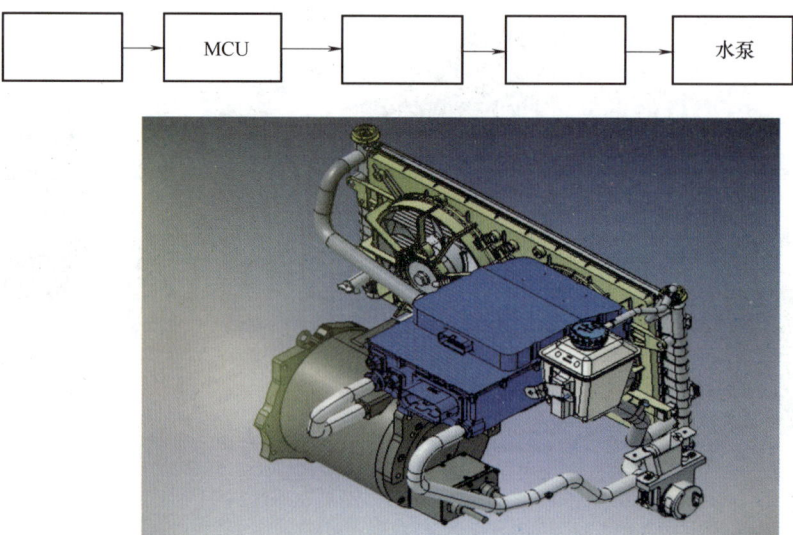

水冷充电机冷却系统的冷却路径如下：

水泵 → ☐ → ☐ → ☐ → ☐ → 水泵

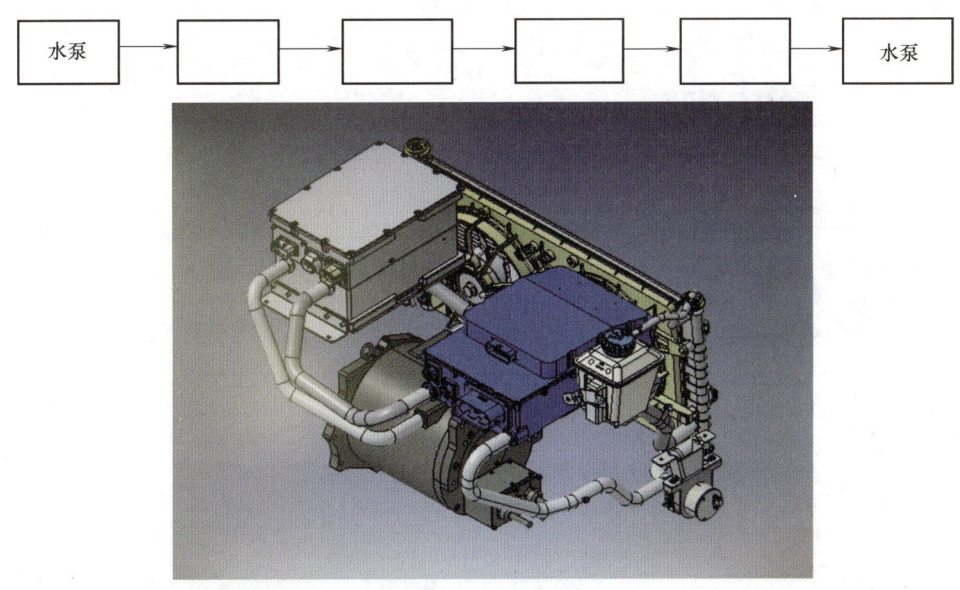

8. 请填写下表中图片对应的零部件名称和作用，并在实车上找到相应的各零部件

序号	零部件图片	部件名称	部件功能
1			
2	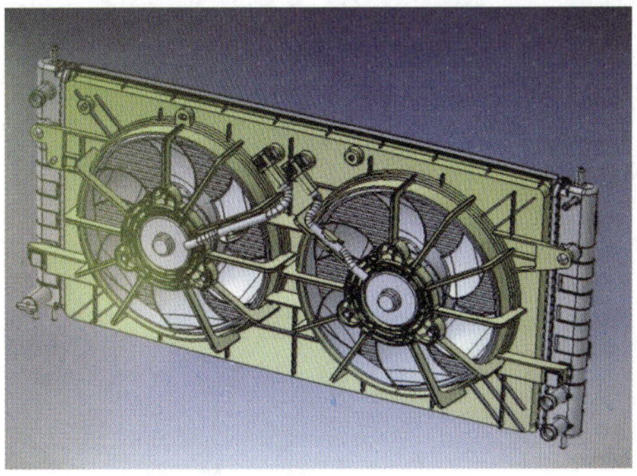		

(续)

序　号	零部件图片	部件名称	部件功能
3			

9. 请自行选出两款不同车型，观察其冷却系统，并分别画出它们的冷却路径

第一款车型：品牌和型号_____
冷却路径：

第二款车型：品牌和型号_____
冷却路径：

10. 请在横线处填写关于电动汽车更换冷却液操作步骤的正确顺序

① 用抹布盖住密封盖并小心打开

② 逆时针方向松开散热器冷却液排放螺栓

③ 着车，运转水泵

④ 将收集盘置于车下散热器冷却液排放阀处

⑤ 排放出膨胀水箱中的冷却液，关闭排放阀

⑥ 选择冷却液，测量冰点

⑦ 一次加注

⑧ 二次加注

⑨ 关闭膨胀水箱盖

正确的操作步骤为：_____

四、计划决策

> 🚗 **温馨提示**
>
> 请各小组学习、思考和讨论解决问题的具体工作计划，考虑时间、工具和物料并将流程图画在下面空白处，接下来各组派出代表陈述本组的工作方案。

工作计划流程图

> 🚗 **温馨提示**
>
> 各小组对其他组的工作计划进行互评、教师总评。各小组根据教师和各组的评价进行方案优化，并将优化方案写在下面方框内。

> 优化后的流程图

工具准备：

序　号	工具名称	工具数量
工具使用规范	请填写工具使用规范	

五、任务实施

1. 对仪器进行检查

请按规范依次检查仪器，并将检查方法与检查结果填写在下表中。

检查仪器名称	检查方法	是否正常
防护用具		是□ 否□
拆装工具		是□ 否□
检测工具名称_____		是□ 否□

2. 操作过程

序　号	实施步骤	是否完成
一	检查与维护前的准备工作	
1	关闭点火开关，拔下钥匙	是□ 否□
2	拆下低压蓄电池负极，使用绝缘胶带包好	是□ 否□

（续）

序　号		实施步骤	是否完成
二		检查冷却系统管路及接口处	
		检查冷却系统管路及接口处有无泄漏、渗漏情况。若有，请记录＿＿＿＿	是□ 否□
三		检查与清洁散热器	
	1	清洁散热器	是□ 否□
	2	检查散热器翅片是否有变形。若有，请记录＿＿＿＿	是□ 否□
四		检查电动汽车水泵工作是否正常	
	1	检查电动水泵有无泄漏情况。若有，请记录＿＿＿＿	是□ 否□
	2	检查电动水泵是否存在异响情况。若有，请记录＿＿＿＿	是□ 否□
	3	检查电动水泵的线束是否老化、破皮，电源线铜芯外露情况。若有，请记录＿＿＿＿	是□ 否□
五		检查部件温度是否正常	
	1	起动车辆，使用红外测温仪检查散热器温度是否达到正常。请记录＿＿＿＿	是□ 否□
	2	起动车辆，使用红外测温仪检查驱动电机温度是否达到正常。请记录＿＿＿＿	是□ 否□
	3	起动车辆，使用红外测温仪检查电机控制器等温度是否达到正常。请记录＿＿＿＿	是□ 否□
六		检查冷却液液位	
	1	检查冷却液液位前需要将车辆停驻在水平路面上，应在电机降温后检查	是□ 否□
	2	在冷却液处于冷状态测量时，罐内冷却液的高度应保持在两条标记线之间，如果液位偏低，需添加冷却液。若有，请记录＿＿＿＿	是□ 否□
七		排放冷却液	
	1	用抹布盖住密封盖并小心打开	是□ 否□
	2	将收集盘置于车下散热器冷却液排放阀处	是□ 否□
	3	逆时针方向松开散热器冷却液排放螺栓	是□ 否□
	4	排放出膨胀水箱中的冷却液，关闭排放阀	是□ 否□
	5	选择新的冷却液，检查冰点	是□ 否□
	6	向散热器加注口加注符合电动汽车使用标准的冷却液，目测冷却液加注至冷却液加注口位置时停止，大约加3L冷却液	是□ 否□
	7	开启电动水泵，待水泵循环运行2~3min	是□ 否□
	8	再向散热器补充冷却液至加注口，重复以上加注操作，直至达到冷却系统加注量要求	是□ 否□
	9	向膨胀水箱加注冷却液至上限位置	是□ 否□
	10	关闭散热器盖	是□ 否□
八		6S管理： 建立安全操作环境	是□ 否□
		清理及整理工具量具	是□ 否□
		清理及复原车辆正常状况	是□ 否□
		清洗场地	是□ 否□
		物品回收和环保	是□ 否□
		完善和检查工单	是□ 否□

六、任务检查与评价

1. 请进行必要的最终检查和"6S"管理
2. 请根据实施过程进行总结并完善工作计划

总结内容和改进工作计划：

_____

_____

3. 学生填写自评表

要求每一个小组学生派代表上讲台讲述小组的学习成果和经验收获。

课堂小组经验分享记录：

4. 教师填写总评表

教师评价结果记录：

学习情境5

高压辅助器件的检查与维护

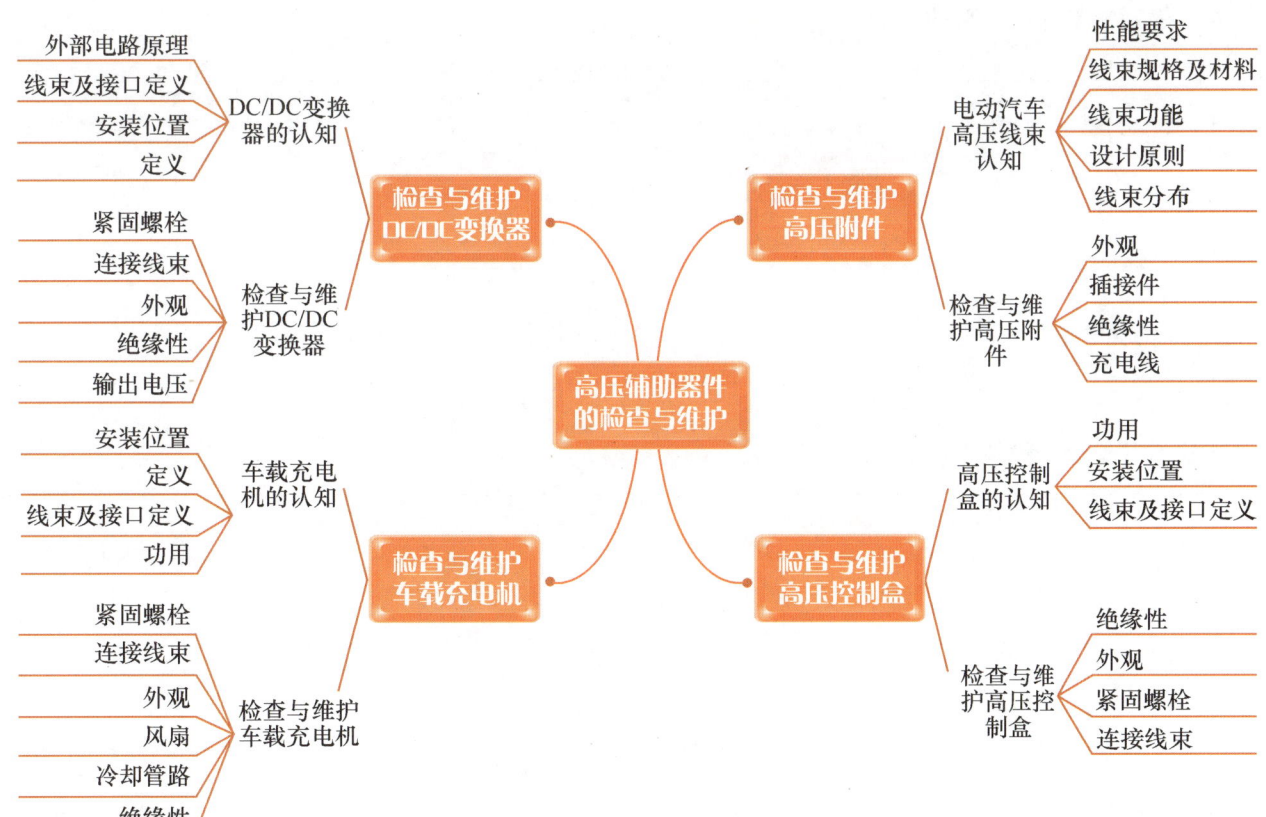

学习任务 1　检查与维护 DC/DC 变换器

一、任务描述

高先生的一辆北汽 EV200 电动汽车已经行驶了 10 000km，根据厂家规定需要对车辆进行维护，在维护过程中需要对 DC/DC 变换器进行定期检查与维护，请你利用本学习任务所学知识，根据现场工作管理规范，请你作为工作人员完成高先生电动汽车 DC/DC 变换器的维护工作。

教师协助学生分析学习情境，运用问题引导法

1. 你所面对的是什么类型的车辆？

2. 你在任务中的角色是什么？

3. 你的工作任务是什么？

二、任务分析

1. 请检查并记录车辆使用情况

检查项目	状态记录
周期维护灯亮起	是□ 否□
行驶里程	_____km
上次维护时间	
检查车辆外观状态	

2. 根据任务描述中车辆的情况明确本次工作任务，并分析完成本次工作任务所需要掌握的知识点

三、任务资讯

1. 请将下面有关联的内容进行连线

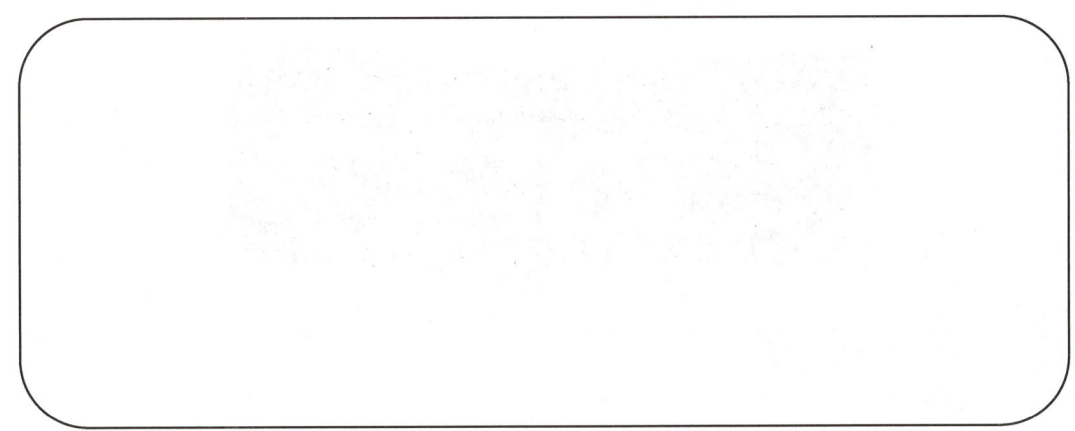

2. DC/DC 电源变换器

电源变换器分为_____变换与_____变换两类。DC/DC 变换器有_____、_____ 和_____三种形式，它是满足新能源汽车电气系统电能变换和传输不可缺少的电器设备。

3. DC/DC 变换器的作用都有什么？

_____

_____

4. 请在下图中指出 DC/DC 变换器安装在什么位置？用笔标出来

5. 请罗列出 DC/DC 变换器上面接口,并说出它们各自的针脚定义

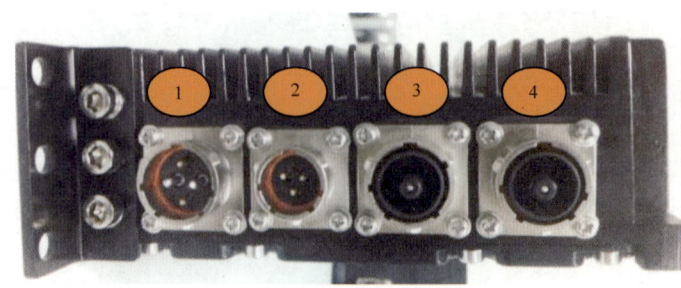

序　号	接口名称	针脚定义
1		
2		
3		
4		

6. 请你将 DC/DC 变换器的外部电路原理图补充完整(需要标出线束功能及连接位置)

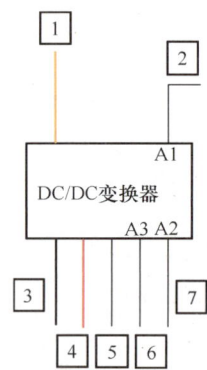

序　号	线束功能	连接位置
1		
2		
3		
4		
5		
6		
7		

7. 请你在高压线束总成中找出连接 DC/DC 变换器的线束插件,并写出其针脚定义

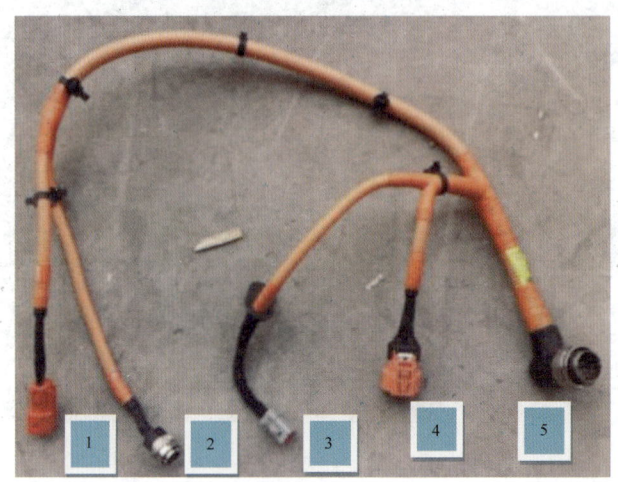

对号入座：

对应上图中的_____，名称为_____

对应上图中的_____，名称为_____

对应上图中的_____，名称为_____

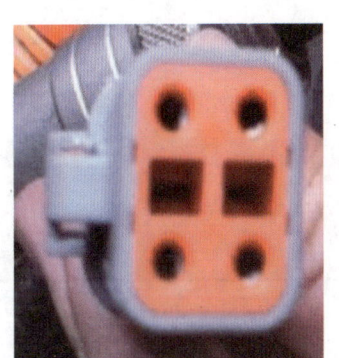

对应上图中的_____，名称为_____

对应上图中的_____，名称为_____

四、计划决策

> **温馨提示**
>
> 请各小组学习、思考和讨论解决问题的具体工作计划，考虑时间、工具和物料并将流程图画在下面空白处，接下来各组派出代表陈述本组的工作方案。

工作计划流程图

> **温馨提示**
> 各小组对其他组的工作计划进行互评、教师总评。各小组根据教师和各组的评价进行方案优化,并将优化方案写在下面方框内。

优化后的流程图

工具准备:

序　号	工具名称	工具数量
工具使用规范	请填写工具使用规范	

五、任务实施

1. 对仪器进行检查

请按规范依次检查仪器,并将检查方法与检查结果填写在下表中。

检查仪器名称	检查方法	是否正常
防护用具		是□ 否□
拆装工具		是□ 否□
检测工具 名称_____		是□ 否□

2. 操作过程

序 号	实施步骤	是否完成
一	**检查与维护前的准备工作**	
1	关闭点火开关,拔下钥匙	是□ 否□
2	拆下低压蓄电池负极,使用绝缘胶带包好	是□ 否□
3	佩戴绝缘手套,断开动力电池高压维修开关	是□ 否□
4	拆下动力电池总正、总负和低压线束插头	是□ 否□
二	**检查 DC/DC 变换器外观**	
1	清洁 DC/DC 变换器外表面,确保无异物	是□ 否□
2	目测检查 DC/DC 变换器外壳有无明显变形、碰撞痕迹。若有,请记录_____	是□ 否□
三	**检查 DC/DC 变换器连接线束**	
1	检查 DC/DC 变换器各连接线束有无破损、裂纹。若有,请记录_____	是□ 否□
2	检查高低压接线端子连接是否牢靠,无松动。若有,请记录_____	是□ 否□
四	**检查 DC/DC 变换器紧固螺栓**	
1	检查 DC/DC 变换器紧固螺栓有无锈蚀。若有,请记录_____	是□ 否□
2	检查 DC/DC 变换器紧固力矩是否足够,并按规定力矩拧紧。若有,请记录_____	是□ 否□
五	**检查 DC/DC 变换器输出电压**	
1	保证整车线束正常连接的情况下,通电前使用万用表测量铅酸电池端电压,并记录_____	是□ 否□
2	整车通 ON 电,继续读取万用表数值,查看变化情况。请记录_____	是□ 否□
3	判断 DC/DC 变换器工作是否正常:正常□ 不正常□	是□ 否□
六	**检查 DC/DC 绝缘性能**	
	检查方法:_____ _____ _____ 请记录测量数据_____ 判断是否正常:正常□ 不正常□	是□ 否□

（续）

序　号	实施步骤	是否完成
七	**6S 管理：** 建立安全操作环境 清理及整理工具量具 清理及复原车辆正常状况 清洗场地 物品回收和环保 完善和检查工单	是□ 否□ 是□ 否□ 是□ 否□ 是□ 否□ 是□ 否□ 是□ 否□

六、任务检查与评价

1. 请进行必要的最终检查和"6S"管理
2. 请根据实施过程进行总结并完善工作计划

总结内容和改进工作计划：

_____

_____

3. 学生填写自评表

要求每一个小组学生派代表上讲台讲述小组的学习成果和经验收获。

课堂小组经验分享记录：

4. 教师填写总评表

教师评价结果记录：

学习任务 2　检查与维护车载充电机

一、任务描述

黄先生的一辆北汽 EV200 电动汽车已经行驶了 10 000km，根据厂家规定需要对车辆进行维护，在维护过程中需要对车载充电机进行检测与维护，作为 4S 店的一名维修技师，你如何对黄先生电动汽车的车载充电机进行检查与维护呢？

教师协助学生分析学习情境，运用问题引导法：

1. 你所面对的是什么类型的车辆？

2. 你在任务中的角色是什么？

3. 你的工作任务是什么？

二、任务分析

1. 请检查并记录车辆使用情况

检查项目	状态记录
周期维护灯亮起	是□ 否□
行驶里程	_____ km
上次维护时间	
检查车辆外观状态	

2. 根据任务描述中车辆的情况明确本次工作任务，并分析完成本次工作任务所需要掌握的知识点

三、任务资讯

1. 电动汽车慢充系统

1）慢充系统使用交流220V单相民用电，通过整流变换，将_____电变换为_____电，给动力电池进行供电。电动汽车慢充系统是由哪几部分组成的？

2）请写出下列图片中的部件名称。

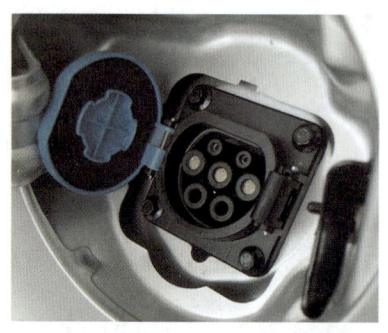

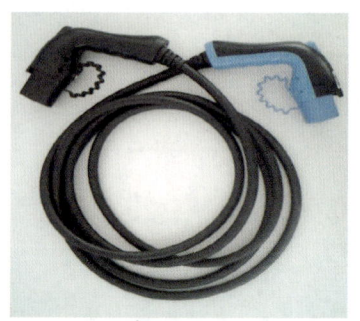

2. 请简述车载充电机的功用

_____

_____

_____

3. 请在下图中指出车载充电机安装在什么位置？用笔标出来

4. 请罗列出车载充电机上面各接口，并说出它们各自的针脚定义

序 号	接口名称	图 片	针脚定义
1			1脚_____ 2脚_____ 5脚_____ 8脚_____ 9脚_____ 11脚_____ 13脚_____ 15脚_____ 16脚_____

(续)

序 号	接口名称	图 片	针脚定义
2			A 脚_____ B 脚_____
3			1 脚_____ 2 脚_____ 3 脚_____ 4 脚_____ 5 脚_____ 6 脚_____

5. 请你结合北汽新能源汽车电路图将车载充电机的外部电路原理图补充完整（需要标出线束功能及连接位置）

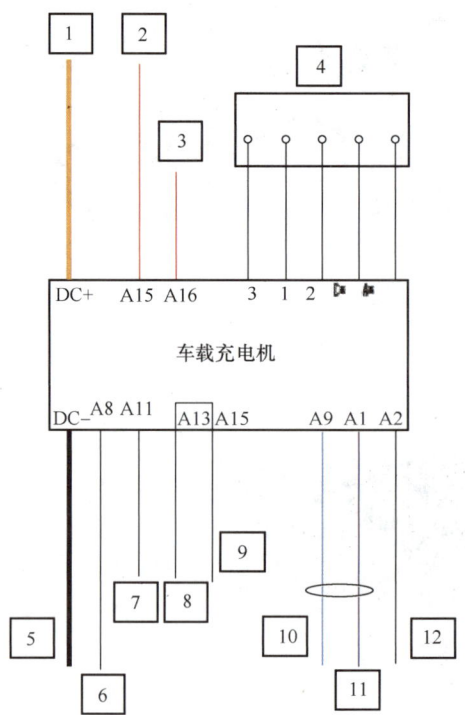

序　号	连接位置	序　号	连接位置
1		7	
2		8	
3		9	
4		10	
5		11	
6		12	

6. 请写出慢充线束车载充电机端线束插件针脚定义

 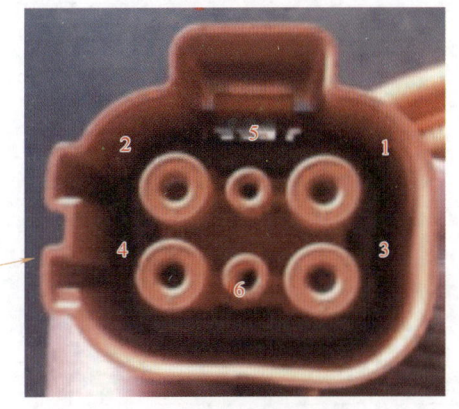

1 脚_____　　2 脚_____　　3 脚_____　　4 脚_____　　5 脚_____　　6 脚_____

四、计划决策

> 🚗 **温馨提示**
>
> 请各小组学习、思考和讨论解决问题的具体工作计划，考虑时间、工具和物料并将流程图画在下面空白处，接下来各组派出代表陈述本组的工作方案。

工作计划流程图

> **温馨提示**
>
> 各小组对其他组的工作计划进行互评、教师总评。各小组根据教师和各组的评价进行方案优化,并将优化方案写在下面方框内。

优化后的流程图

工具准备:

序 号	工具名称	工具数量
工具使用规范	请填写工具使用规范	

五、任务实施

1. 对仪器进行检查

请按规范依次检查仪器,并将检查方法与检查结果填写在下表中。

检查仪器名称	检查方法	是否正常
防护用具		是□ 否□
拆装工具		是□ 否□
检测工具 名称_____		是□ 否□

2. 操作过程

序　号	实　施　步　骤		是否完成
一	检查与维护前的准备工作		
1	关闭点火开关，拔下钥匙		是□ 否□
2	拆下低压蓄电池负极，使用绝缘胶带包好		是□ 否□
3	佩戴绝缘手套，断开动力电池高压维修开关		是□ 否□
4	拆下动力电池总正、总负和低压线束插头		是□ 否□
二	检查与维护车载充电机外观		
1	清洁车载充电机外表面，确保无异物		是□ 否□
2	目测检查车载充电机外壳有无变形及破损。若有，请记录_____		是□ 否□
三	检查与维护车载充电机连接线束		
1	检查车载充电机各连接线束有无破损、裂纹。若有，请记录_____		是□ 否□
2	检查高低压接线端子连接是否牢靠，无松动。若有，请记录_____		是□ 否□
四	检查与维护车载充电机紧固螺栓		
1	检查车载充电机紧固螺栓有无锈蚀。若有，请记录_____		是□ 否□
2	检查车载充电机紧固力矩是否足够，并按规定力矩拧紧。若有，请记录_____ 车载充电机紧固螺栓的紧固力矩为_____		是□ 否□
五	检查车载充电机风扇		
1	检查车载充电机风扇转动是否灵活。若有，请记录_____		是□ 否□
2	检查车载充电机挡风圈上有无异物。若有，请清洁		是□ 否□
六	检查车载充电机冷却管路		
1	检查车载充电机冷却管路连接处是否出现液体泄漏及渗出。若有，请记录_____		是□ 否□
2	检查车载充电机散热器总成左右侧水室密封处，有无渗漏现象。若有，请记录_____		是□ 否□
七	检查车载充电机绝缘性能		
	检查方法：_____ _____ _____ 判断是否正常：正常□　不正常□		是□ 否□
八	检查车载充电机工作状态		
1	检查车载充电机工作状态时，需要先对车辆进行充电		是□ 否□
2	查看指示灯工作情况 请记录_____ 判断是否正常：正常□　不正常□		是□ 否□

（续）

序　号	实施步骤	是 否 完 成
九	6S 管理： 建立安全操作环境 清理及整理工具量具 清理及复原车辆正常状况 清洗场地 物品回收和环保 完善和检查工单	是□ 否□ 是□ 否□ 是□ 否□ 是□ 否□ 是□ 否□ 是□ 否□

六、任务检查与评价

1. 请进行必要的最终检查和"6S"管理
2. 请根据实施过程进行总结并完善工作计划

总结内容和改进工作计划：

3. 学生填写自评表

要求每一个小组学生派代表上讲台讲述小组的学习成果和经验收获。

课堂小组经验分享记录：

4. 教师填写总评表

教师评价结果记录：

学习任务3　检查与维护高压控制盒

一、任务描述

高先生的一辆北汽 EV200 电动汽车已经行驶了 10 000km，根据厂家规定需要对车辆进行维护，在维护过程中需要对高压控制盒进行定期的检查与维护，作为维修人员，利用本学习任务所学知识，根据现场工作管理规范，对高先生的电动汽车进行维护工作。

教师协助学生分析学习情境，运用问题引导法：

1. 你所面对的是什么类型的车辆？

2. 你在任务中的角色是什么？

3. 你的工作任务是什么？

二、任务分析

1. 请检查并记录车辆使用情况

检查项目	状态记录
周期维护灯亮起	是□ 否□
行驶里程	_____ km
上次维护时间	
检查车辆外观状态	

2. 根据任务描述中车辆的情况明确本次工作任务，并分析完成本次工作任务所需要掌握的知识点

三、任务资讯

1. 高压控制盒的作用

高压控制盒能够对整车高压配电进行管理，实现对各路输出分别控制，对高压安全进行管理，有_____、_____和_____功能，同时具备_____功能，实时交换数据。

2. 高压控制盒内部组成

请将高压控制盒内部组成对应的名称填写到相应的序号内。

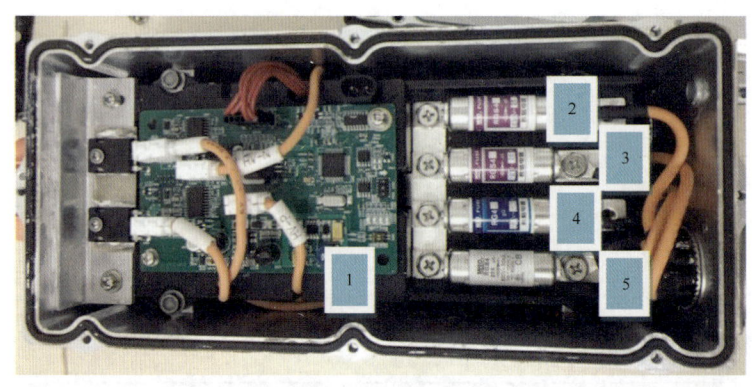

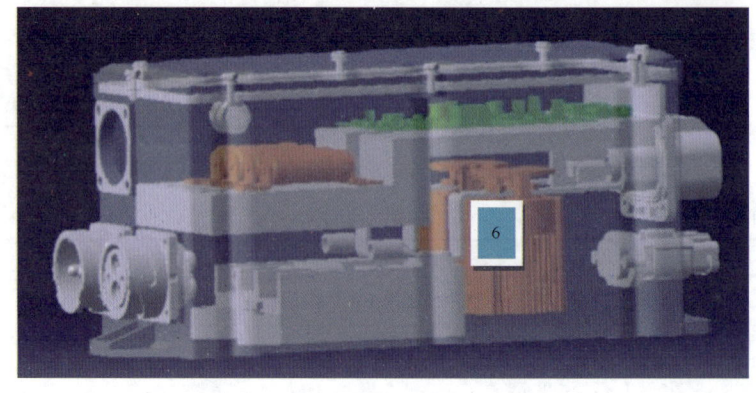

序　号	部件名称	序　号	部件名称	序　号	部件名称
1		3		5	
2		4		6	

3. 请在下图中指出高压控制盒安装在什么位置？用笔标出来

4. 请罗列出高压控制盒上面的各接口，并说出它们各自的针脚定义

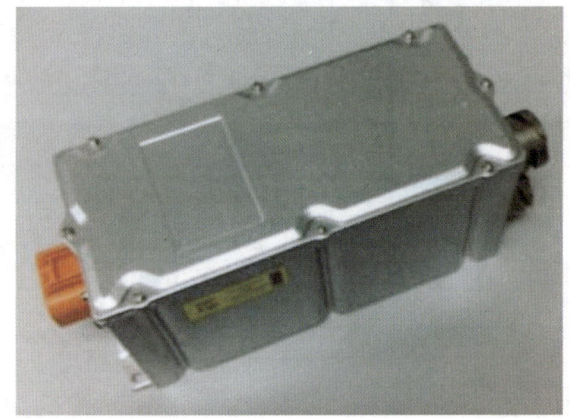

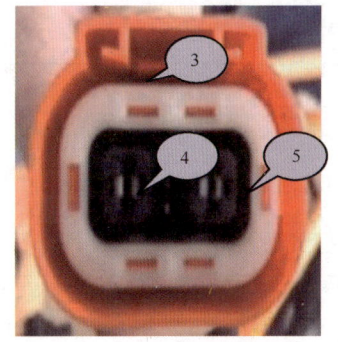

序　号	接口名称	针脚定义
1		
2		
3		
4		
5		

5. 请结合电路图将高压控制盒的外部电路原理图补充完整（需要标出线束功能及连接位置）

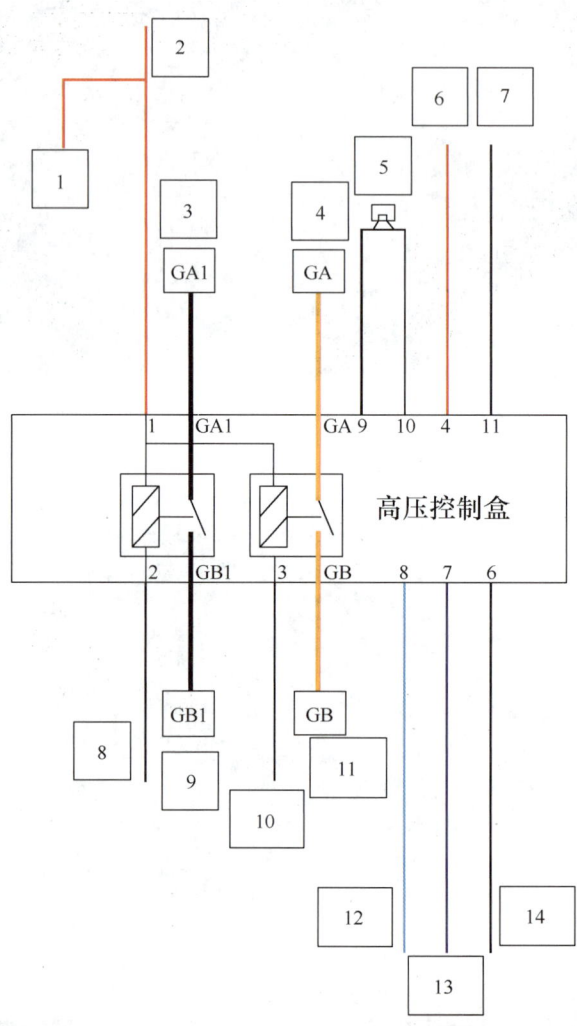

序　号	连接位置	序　号	连接位置
1		8	
2		9	
3		10	
4		11	
5		12	
6		13	
7		14	

四、计划决策

> **温馨提示**
> 请各小组学习、思考和讨论解决问题的具体工作计划,考虑时间、工具和物料并将流程图画在下面空白处,接下来各组派出代表陈述本组的工作方案。

工作计划流程图

> **温馨提示**
> 各小组对其他组的工作计划进行互评、教师总评。各小组根据教师和各组的评价进行方案优化,并将优化方案写在下面方框内。

优化后的流程图

工具准备:

序　号	工具名称	工具数量

（续）

序　号	工具名称	工具数量
工具使用规范	请填写工具使用规范	

五、任务实施

1. 对仪器进行检查

请按规范依次检查仪器，并将检查方法与检查结果填写在下表中。

检查仪器名称	检查方法	是否正常
防护用具		是□ 否□
拆装工具		是□ 否□
检测工具 名称_____		是□ 否□

2. 操作过程

序　号	实施步骤	是否完成
一	**检查与维护前的准备工作**	
1	关闭点火开关，拔下钥匙	是□ 否□
2	拆下低压蓄电池负极，使用绝缘胶带包好	是□ 否□
3	佩戴绝缘手套，断开动力电池高压维修开关	是□ 否□
4	拆下动力电池总正、总负和低压线束插头	是□ 否□
二	**检查与维护高压控制盒外观**	
1	清洁高压控制盒外表面，确保无异物	是□ 否□
2	目测检查高压控制盒外壳有无变形及破损。若有，请记录_____	是□ 否□
三	**检查与维护高压控制盒连接线束**	
1	检查高压控制盒各连接线束有无破损、裂纹。若有，请记录_____	是□ 否□
2	检查与维护高低压接线端子连接是否牢靠，无松动。若有，请记录_____	是□ 否□
四	**检查与维护高压控制盒紧固螺栓**	
1	检查高压控制盒紧固螺栓有无锈蚀。若有，请记录_____	是□ 否□

(续)

序 号	实 施 步 骤	是否完成
2	检查高压控制盒紧固力矩是否足够，并按规定力矩拧紧。若有，请记录_____。 高压控制盒紧固螺栓的紧固力矩为_____	是□ 否□
五	**检查高压控制盒绝缘性能**	
	检查高压控制盒的绝缘性能，需使用绝缘表测量_____和_____的绝缘阻值。 检查方法：_____ _____ _____ 判断是否正常：正常□ 不正常□	是□ 否□
六	**6S 管理：** 建立安全操作环境 清理及整理工具量具 清理及复原车辆正常状况 清洗场地 物品回收和环保 完善和检查工单	是□ 否□ 是□ 否□ 是□ 否□ 是□ 否□ 是□ 否□ 是□ 否□

六、任务检查与评价

1. 请进行必要的最终检查和"6S"管理
2. 请根据实施过程进行总结并完善工作计划

总结内容和改进工作计划：
_____
_____

3. 学生填写自评表

要求每一个小组学生派代表上讲台讲述小组的学习成果和经验收获。

课堂小组经验分享记录：

4. 教师填写总评表

教师评价结果记录：

学习任务 4　检查与维护高压附件

一、任务描述

作为维修人员请你对张先生的一辆北汽 EV200 电动汽车的高压附件进行日常的检测维护，利用本学习任务所学知识，根据现场工作管理规范，如何完成工作任务？

教师协助学生分析学习情境，运用问题引导法：

1. 你所面对的是什么类型的车辆？

2. 你在任务中的角色是什么？

3. 你的工作任务是什么？

二、任务分析

1. 请检查并记录车辆使用情况

检查项目	状态记录
周期维护灯亮起	是□ 否□
行驶里程	_____ km
上次维护时间	
检查车辆外观状态	

2. 根据任务描述中车辆的情况明确本次工作任务，并分析完成本次工作任务所需要掌握的知识点

三、任务资讯

1. 线束常用规格及材料

1）请将不同规格的汽车线束与其相对应的用途进行连线。

标称截面积		用途
☐		主电源线，例如发电机电枢线、搭铁线
☐		适用于仪表灯、指示灯、门灯和顶灯等
☐		蓄电池的搭铁线、正极电源线和高压线
☐		适用于转向灯、雾灯等
☐		适用于牌照灯、前后示廓灯和制动灯等
☐		适用于前照灯、喇叭等
☐		

2）高压线束是电动汽车里面的高压电缆和高压接口，在整车运行当中是连接所有重要部件非常关键的连接件。目前汽车上常用的线束材料为_____、_____和_____。

2. 请简述汽车高压线束的功能

_____
_____

3. 高压线束应达到的性能要求

1）根据国家标准，高压线束外观必须使用_____，以起到_____作用。

2）关于电动汽车高压线束性能要求和设计特点，请补充方框内容。

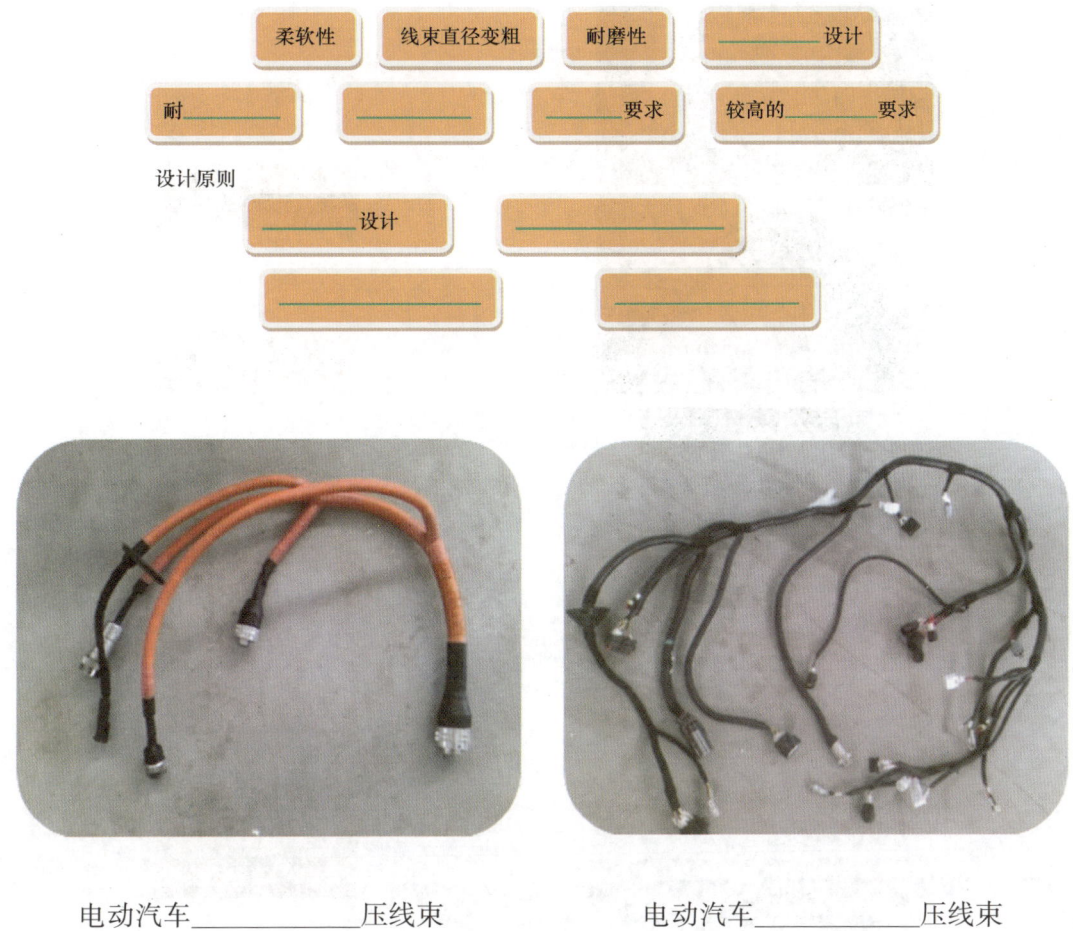

电动汽车_____压线束　　　　电动汽车_____压线束

4. 请在下图中指出高压线束安装在什么位置？并用笔标出来

5. 看图识线，请根据对应的图片与文字内容进行连线

快充线束

动力电池高压电缆

高压线束总成

电机控制器电缆

慢充线束

6. 检查电动汽车高压线束的绝缘性能

电动汽车较高的工作电压对高压系统与车辆底盘之间的＿＿＿＿＿＿＿＿＿＿提出了更高的要求。为了消除高压系统对人员和车辆的潜在威胁，需要检测其＿＿＿＿＿＿＿＿＿＿，才能保证电动汽车的高压电气安全性。

四、计划决策

请各小组学习、思考和讨论解决问题的具体工作计划，考虑时间、工具和物料并将流程图画在下面空白处，接下来各组派出代表陈述本组的工作方案。

工作计划流程图

> **温馨提示**
> 各小组对其他组的工作计划进行互评、教师总评。各小组根据教师和各组的评价进行方案优化，并将优化方案写在下面方框内。

优化后的流程图

工具准备：

序　号	工具名称	工具数量
工具使用规范	请填写工具使用规范	

五、任务实施

1. 对仪器进行检查

请按规范依次检查仪器,并将检查方法与检查结果填写在下表中。

检查仪器名称	检查方法	是否正常
防护用具		是☐ 否☐
拆装工具		是☐ 否☐
检测工具 名称_____		是☐ 否☐

2. 操作过程

序 号	实 施 步 骤	是 否 完 成
一	**检查与维护前的准备工作**	
1	关闭点火开关,拔下钥匙	是☐ 否☐
2	拆下低压蓄电池负极,使用绝缘胶带包好	是☐ 否☐
3	佩戴绝缘手套,断开动力电池高压维修开关	是☐ 否☐
4	拆下动力电池总正、总负和低压线束插头	是☐ 否☐
二	**检查与维护高压线束外观**	
1	目测检查高压线束过线孔、过线护套等防护是否完好。若有,请记录_____	是☐ 否☐
2	目测检查高压线束是否出现磨损。若有,请记录_____	是☐ 否☐
3	目测检查底盘高压线缆保护套有无进水、老化。若有,请记录_____	是☐ 否☐
4	目测检查高压线束固定卡子有无损坏。若有,请记录_____	是☐ 否☐
三	**检查高压线束其电缆与插接器插件之间**	
1	目测检查高压线束其电缆与插接器插件之间是否松动。若有,请记录_____	是☐ 否☐
2	目测检查线束根部有无过热、变形和松脱现象。若有,请记录_____	是☐ 否☐
四	**检查充电线**	
1	目测充电线外观是否有破损、裂痕。若有,请记录_____	是☐ 否☐
2	检查充电枪解除锁止按钮是否卡滞,是否能完全复位。若有,请记录_____	是☐ 否☐
3	检查充电线功能是否正常 若不能正常充电,需判断充电线是否导通 检查方法:_____ _____ 判断结果是否正常:正常☐ 不正常☐	是☐ 否☐

(续)

序 号	实 施 步 骤	是 否 完 成
五	**检查充电口盖开关状态**	
1	当充电口盖打开时，仪表充电指示灯是否常亮；当关闭充电口盖时，仪表充电指示灯是否熄灭。请记录_____	是□ 否□
2	检查充电口盖能否正常开启或关闭。若有，请记录_____	是□ 否□
六	**检查高压线束的绝缘性能** 检测方法：_____ _____ _____ 判断是否正常：正常□　不正常□	是□ 否□
七	**6S 管理：** 建立安全操作环境 清理及整理工具量具 清理及复原车辆正常状况 清洗场地 物品回收和环保 完善和检查工单	是□ 否□ 是□ 否□ 是□ 否□ 是□ 否□ 是□ 否□ 是□ 否□

六、任务检查与评价

1. 请进行必要的最终检查和"6S"管理
2. 请根据实施过程进行总结并完善工作计划

总结内容和改进工作计划：

_____

_____

3. 学生填写自评表

要求每一个小组学生派代表上讲台讲述小组的学习成果和经验收获。

课堂小组经验分享记录：

4. 教师填写总评表

教师评价结果记录：

学习情境6

空调系统的检查与维护

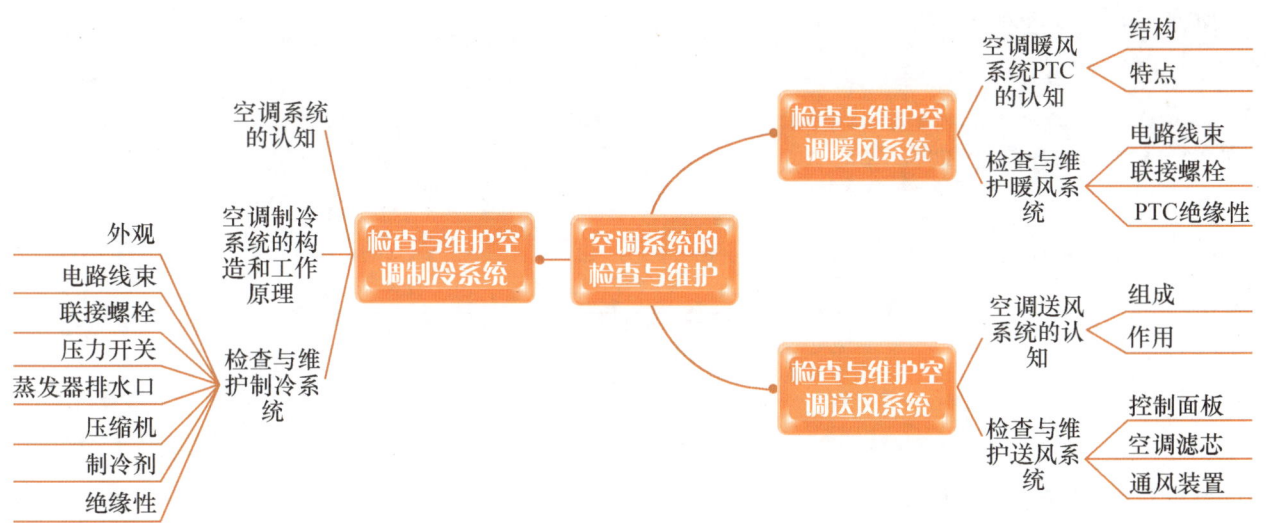

学习任务1　检查与维护空调制冷系统

一、任务描述

李先生的一辆电动汽车行驶了 20 000km，打开空调时发现空调制冷效果不够好，想给他爱车的空调做一次全面检查。为了确保空调系统的正常使用，如果你作为一名4S店的技师，在接到这个任务后应该如何对空调制冷系统进行检查与维护呢？

教师协助学生分析学习情境，运用问题引导法

1. 你所面对的是什么类型的车辆？

_____

_____

2. 你在任务中的角色是什么？

_____

3. 你的工作任务是什么？

_____

二、任务分析

1. 请检查并记录车辆使用情况

检查项目	状态记录
周期维护灯亮起	是□　否□
行驶里程	_____km
上次维护时间	
检查车辆外观状态	

2. 根据任务描述中车辆的情况明确本次工作任务，并分析完成本次工作任务所需要掌握的知识点

三、任务资讯

1. 空调系统的认识

汽车空调系统的组成主要有三部分：_____、_____和_____。

2. 空调系统的构造

1）空调制冷系统由_____、_____、压力开关、储油罐、_____、蒸发器及管路等组成。

2）请在空白框格内填写空调系统中相应部件的名称。

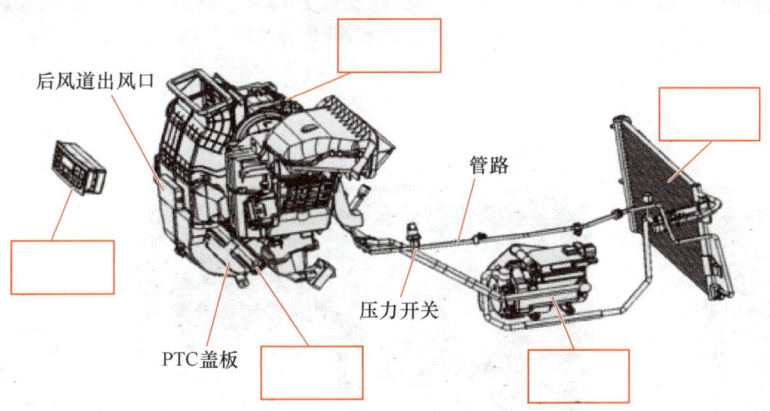

3. 空调系统的工作原理

1）当空调制冷系统工作时，制冷剂以不同的状态在这个密闭系统内循环流动，每个循环又有四个基本过程，请根据这四个过程填写空白框。

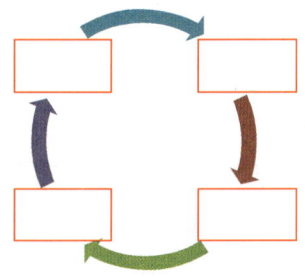

2）请查阅空调相关资料，在下框中图示空调制冷系统的工作原理。

4. 看看图片中的空调维护设备是什么？

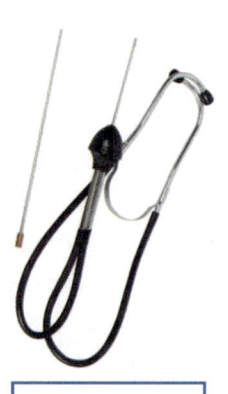

5. 判断下面句子描述是否正确

1）电动汽车中可以使用荧光剂查漏和检测。　　　　　　　　　　　　　　　　　　　　　　　　（　　）

2）维修人员在检查电动汽车空调压缩机时需要采取必要的安全防护措施。　　　　　　　　　　（　　）

3）电动汽车空调压缩机控制器不需要放电就可以直接取下。　　　　　　　　　　　　　　　　（　　）

四、计划决策

> 🍃 **温馨提示**
>
> 请各小组学习、思考和讨论解决问题的具体工作计划,考虑时间、工具和物料并将流程图画在下面空白处,接下来各组派出代表陈述本组的工作方案。

```
┌─────────────────────────────────────────────────┐
│  工作计划流程图                                  │
│                                                 │
│                                                 │
│                                                 │
│                                                 │
└─────────────────────────────────────────────────┘
```

> 🍃 **温馨提示**
>
> 各小组对其他组的工作计划进行互评、教师总评。各小组根据教师和各组的评价进行方案优化,并将优化方案写在下面方框内。

```
┌─────────────────────────────────────────────────┐
│  优化后的流程图                                  │
│                                                 │
│                                                 │
│                                                 │
│                                                 │
└─────────────────────────────────────────────────┘
```

工具准备:

序　号	工具名称	工具数量

(续)

序　号	工具名称	工具数量
工具使用规范	请填写工具使用规范	

五、任务实施

1. 对仪器进行检查

请按规范依次检查仪器，并将检查方法与检查结果填写在下表中。

检查仪器名称	检查方法	是否正常
防护用具		是□ 否□
拆装工具		是□ 否□
检测工具名称_____		是□ 否□

2. 操作过程

序　号	实施步骤	是否完成
一	**检查与维护前的准备工作**	
1	关闭点火开关，拔下钥匙	是□ 否□
2	拆下低压蓄电池负极，使用绝缘胶带包好	是□ 否□
3	佩戴绝缘手套，断开动力电池高压维修开关	是□ 否□
4	拆下动力电池总正、总负和低压线束插头	是□ 否□
二	**检查制冷系统外观**	
1	检查高压维修阀及高压管路接口是否泄漏	是□ 否□
2	检查低压维修阀及低压管路接口是否泄漏和紧固状态	是□ 否□
3	举升车辆检查冷凝器和压缩机管路接口是否泄漏和紧固状态	是□ 否□
4	检查冷凝器表面是否有脏污，可用气枪吹净	是□ 否□
5	检查散热片是否有倒伏变形	是□ 否□
6	检查低压管路是否有结霜	是□ 否□
三	**检查电路线束**	
1	检查电路线束及接插件连接处是否对插到位，有无松动、破损和腐蚀	是□ 否□
2	检查接插件线束波纹管有无破损	是□ 否□
3	检查插件内插针是否有退针、弯曲等	是□ 否□

(续)

序 号	实施步骤	是否完成
四	**检查联接螺栓**	
1	检查空调压缩机、散热器和蒸发箱等制冷系统部件螺栓联接是否紧固	是□ 否□
2	压缩机工作后检查安装部位是否达标,各连接点是否漏装O形圈	是□ 否□
五	**检查制冷剂**	
	检查制冷剂加注量是否符合标准,若制冷剂不足,_____	是□ 否□
六	**检查压力开关**	
	检查空调压力开关是否损坏,若损坏则_____	是□ 否□
七	**检查蒸发器排水口**	
	检查蒸发器排水口固定状态及排水口是否堵塞	是□ 否□
八	**检查与维护空调压缩机**	
1	检查空调压缩机上是否有灰尘、水渍与锈蚀等	是□ 否□
2	用_____检查压缩机工作声音是否正常	是□ 否□
九	**检查与维护压缩机控制器的绝缘性**	
1	用数字绝缘测试仪在_____档下,测试控制器高压端子与外壳间的绝缘电阻是否大于_____MΩ	是□ 否□
2	用数字绝缘测试仪在_____档下,测试压缩机侧公端高压接插件正负极之间的电阻,记录阻值_____,是否符合标准值_____	是□ 否□
十	6S管理: 建立安全操作环境 清理及整理工具量具 清理及复原车辆正常状况 清洗场地 物品回收和环保 完善和检查工单	是□ 否□ 是□ 否□ 是□ 否□ 是□ 否□ 是□ 否□ 是□ 否□

六、任务检查与评价

1. 请进行必要的最终检查和"6S"管理
2. 请根据实施过程进行总结并完善工作计划

总结内容和改进工作计划:

_____

_____

3. 学生填写自评表

要求每一个小组学生派代表上讲台讲述小组的学习成果和经验收获。

课堂小组经验分享记录：

4. 教师填写总评表

教师评价结果记录：

学习任务 2　检查与维护送风系统

一、任务描述

北方干燥灰尘多，时间一长空调系统中就会被灰尘和细菌侵占。何先生在驾驶自己的 EV200 时，想打开送风系统更换一下车内空气，但是却闻到"奇怪"的味道，于是送去 4S 店检查维护，服务顾问了解清楚情况后把可能的原因告诉了你，作为一名 4S 店的维修技师，应该如何检查与维护空调的送风系统呢？

教师协助学生分析学习情境，运用问题引导法：

1. 你所面对的是什么类型的车辆？

2. 你在任务中的角色是什么？

3. 你的工作任务是什么？

二、任务分析

1. 请检查并记录车辆使用情况

检查项目	状态记录
周期维护灯亮起	是□ 否□
行驶里程	_____ km
上次维护时间	
检查车辆外观状态	

2. 根据任务描述中车辆的情况明确本次工作任务，并分析完成本次工作任务所需要掌握的知识点

三、任务资讯

1. 送风系统的组成

1）送风系统的组成主要有_____、风道、内外转换风门、_____和出风口等。

2）请在空白框格内填写空调系统中相应部件的名称。

前后风窗玻璃除霜按钮

2. 按 MOOD 按钮，空调控制面板的显示屏上会显示空调的四种出风模式：_____、_____、_____和_____。

四、计划决策

温馨提示

请各小组学习、思考和讨论解决问题的具体工作计划，考虑时间、工具和物料并将流程图画在下面空白处，接下来各组派出代表陈述本组的工作方案。

工作计划流程图

> **温馨提示**
>
> 各小组对其他组的工作计划进行互评、教师总评。各小组根据教师和各组的评价进行方案优化,并将优化方案写在下面方框内。

优化后的流程图

工具准备:

序　号	工 具 名 称	工 具 数 量
工具使用规范	请填写工具使用规范	

五、任务实施

1. 对仪器进行检查

请按规范依次检查仪器,并将检查方法与检查结果填写在下表中。

检查仪器名称	检查方法	是否正常
防护用具		是□ 否□
拆装工具		是□ 否□
检测工具 名称_____		是□ 否□

2. 操作过程

序 号	实施步骤	是否完成
一	检查与维护前的准备工作	
	安装车轮挡块、室内四件套	是□ 否□
二	检查空调操作面板功能	
1	打开到 ON 档,按下 A/C 按钮	是□ 否□
2	扭转风量调节旋钮,检查风量是否和调节相符合	是□ 否□
3	按下内外循环按钮,观察空调能否进行内、外循环模式的切换	是□ 否□
4	按 MOOD 按钮,根据显示屏上的出风模式检查各出风口是否正常工作	是□ 否□
5	按下前后风窗玻璃除霜按钮,检查出风口是否正常工作	是□ 否□
三	检查空调滤芯	
1	检查空调滤芯是否过脏,风速是否正常	是□ 否□
2	用气枪高压空气喷嘴与滤芯保持_____ mm 的距离,以 500kPa 气压吹大约 2min。如果滤芯过脏,则需要_____	是□ 否□
四	检查风道通风装置	
1	检查各风道是否过脏	是□ 否□
2	检查各风道上下左右调节功能是否正常	是□ 否□
五	6S 管理: 建立安全操作环境 清理及整理工具量具 清理及复原车辆正常状况 清洗场地 物品回收和环保 完善和检查工单	是□ 否□ 是□ 否□ 是□ 否□ 是□ 否□ 是□ 否□ 是□ 否□

六、任务检查与评价

1. 请进行必要的最终检查和"6S"管理
2. 请根据实施过程进行总结并完善工作计划

总结内容和改进工作计划：

3. 学生填写自评表

要求每一个小组学生派代表上讲台讲述小组的学习成果和经验收获。

课堂小组经验分享记录：

4. 教师填写总评表

教师评价结果记录：

学习任务 3　检查与维护暖风系统

一、任务描述

寒冷的冬季汽车暖风系统对车内安全性和舒适性有非常大的影响，张小姐的 EV200 打开空调暖风系统后出风温度异常，张小姐就送她的爱车去 4S 店检查，服务顾问了解情况后把可能出现的原因告诉了你，那么作为一名 4S 店的技师，在接到任务后首先应该如何对电动汽车空调的暖风系统进行检查与维护呢？

教师协助学生分析学习情境，运用问题引导法：

1. 你所面对的是什么类型的车辆？

2. 你在任务中的角色是什么？

3. 你的工作任务是什么？

二、任务分析

1. 请检查并记录车辆使用情况

检查项目	状态记录
周期维护灯亮起	是□ 否□
行驶里程	_____ km
上次维护时间	
检查车辆外观状态	

2. 根据任务描述中车辆的情况明确本次工作任务，并分析完成本次工作任务所需要掌握的知识点

三、任务资讯

1. 根据所学电动汽车空调暖风系统 PTC 的结构完成下图

2. 以下属于 PTC 加热器特点的请在方框内打钩

　　发热速度快，使用方便　　☐

　　温度可控　　☐

　　低压电器　　☐

　　由两组电热阻丝并联组成，可单独控制　　☐

　　易发生火灾　　☐

3. 判断下面语句描述的正确性
1）PTC 是低压部件，维护时不需要断开高压电。　　（　　）
2）当制热功能启动时，制冷系统可以同时工作。　　（　　）
3）PTC 上有温度传感器，可以实时监测加热器本体的温度，控制加热器 PTC 的导通和切断。　（　　）
4. 根据端口针脚定义，完成方框中的内容

B：_____电源正极
C：压缩机电源
D：_____组负极
H：_____电源
J：_____组负极

四、计划决策

> 🍃 **温馨提示**
> 请各小组学习、思考和讨论解决问题的具体工作计划，考虑时间、工具和物料并将流程图画在下面空白处，接下来各组派出代表陈述本组的工作方案。

工作计划流程图

> 🍃 **温馨提示**
> 各小组对其他组的工作计划进行互评、教师总评。各小组根据教师和各组的评价进行方案优化，并将优化方案写在下面方框内。

优化后的流程图

工具准备：

序　号	工具名称	工具数量
工具使用规范	请填写工具使用规范	

五、任务实施

1. 对仪器进行检查

请按规范依次检查仪器，并将检查方法与检查结果填写在下表中。

检查仪器名称	检查方法	是否正常
防护用具		是□ 否□
拆装工具		是□ 否□
检测工具 名称_____		是□ 否□

2. 操作过程

序　号	实施步骤	是否完成
一	**检查与维护前的准备工作**	
1	关闭点火开关，拔下钥匙	是□ 否□
2	拆下低压蓄电池负极，使用绝缘胶带包好	是□ 否□
3	佩戴绝缘手套，断开动力电池高压维修开关	是□ 否□
4	拆下动力电池总正、总负和低压线束插头	是□ 否□
二	**检查电路线束**	
1	检查电路线束及接插件连接处是否对插到位，有无松动、破损和腐蚀	是□ 否□
2	检查接插件线束波纹管有无破损	是□ 否□
3	检查插件内插针是否有退针、弯曲等	是□ 否□
三	**检查联接螺栓**	
	检查 PTC 螺栓联接是否紧固，确认拧紧力矩是否符合要求。若不符合需_____	是□ 否□

（续）

序　号	实施步骤	是否完成
四	**检查 PTC 绝缘性**	
1	暖风功能打开后工作几分钟之后检查吹出的风有无焦煳味	是☐ 否☐
2	根据 PTC 的额定电压选择合适的绝缘表档位	是☐ 否☐
3	根据端口针脚定义，使用绝缘表检查 PTC 正负极的绝缘电阻 ① 红表笔接 B 端子，黑表笔接车身搭铁的绝缘电阻_____ ② 红表笔接 D 端子，黑表笔接车身搭铁检测 A 组负极的绝缘电阻_____ ③ 红表笔接 J 端子，黑表笔接车身搭铁检测 B 组负极的绝缘电阻_____	是☐ 否☐
五	6S 管理： 建立安全操作环境 清理及整理工具量具 清理及复原车辆正常状况 清洗场地 物品回收和环保 完善和检查工单	是☐ 否☐ 是☐ 否☐ 是☐ 否☐ 是☐ 否☐ 是☐ 否☐ 是☐ 否☐

六、任务检查与评价

1. 请进行必要的最终检查和"6S"管理
2. 请根据实施过程进行总结并完善工作计划

总结内容和改进工作计划：

_____

3. 学生填写自评表

要求每一个小组学生派代表上讲台讲述小组的学习成果和经验收获。

课堂小组经验分享记录：

4. 教师填写总评表

教师评价结果记录：

学习情境 7

辅助系统的检查与维护

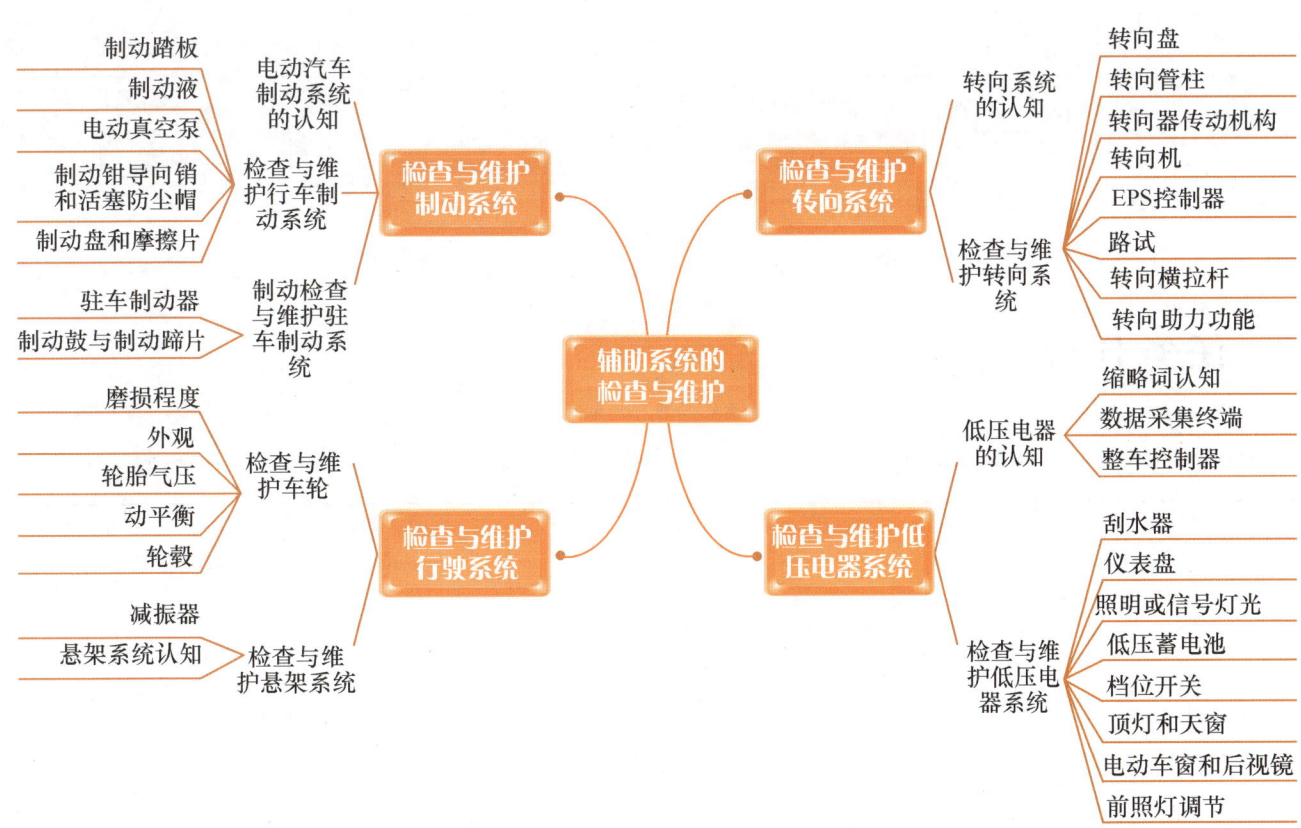

学习任务1　检查与维护制动系统

一、任务描述

冯小姐的 EV200 已经行驶了 50 000km，她在驾驶过程中总感觉制动行程过长。为了确保日常行车的安全，她准备到 4S 店给她的爱车做一次检查与维护，在得知冯小姐的目的后，作为 4S 店的一名技师，你如何对其制动系统进行检查与维护呢？

教师协助学生分析学习情境，运用问题引导法：

1. 你所面对的是什么类型的车辆？

2. 你在任务中的角色是什么？

3. 你的工作任务是什么？

二、任务分析

1. 请检查并记录车辆使用情况

检查项目	状态记录
周期维护灯亮起	是□ 否□
行驶里程	_____ km
上次维护时间	
检查车辆外观状态	

2. 根据任务描述中车辆的情况明确本次工作任务，并分析完成本次工作任务所需要掌握的知识点

三、任务资讯

1）制动系统分为_____和_____，它的作用是：使行驶中的汽车按照驾驶人的要求进行强制_____甚至停车，使已停驶的汽车在各种道路条件下（包括在坡道上）稳定驻车，使下坡行驶的汽车速度_____。

2）电动汽车制动系统与传统汽车制动系统类似，主要由_____、制动压力调节装置 ABS 系统和_____系统等部分组成。

3）电动汽车的真空助力系统由一套专用的真空装置提供，主要由_____和_____组成。

4）根据所给图片在方框中填写相应的部件名称。

5）根据所给语句的描述，重新给更换制动液的方法排序。

① 更换时应加注型号相同的制动液，加满的过程中注意不要让制动液沾在油漆上

② 把放气管连接在制动分泵放气孔上，另一端插入装有一些制动液的容器内

③ 将制动系统内原有的制动液完全排尽

④ 反复几次踩制动踏板，踩住不动时松开放气螺栓

⑤ 进行排气操作，排气顺序为右后轮、左后轮、右前轮、左前轮

⑥ 重复几次，直到放气孔中没有气泡流出，以规定转矩拧紧放气螺栓

正确更换制动液的流程是：_____

四、计划决策

> **温馨提示**
>
> 请各小组学习、思考和讨论解决问题的具体工作计划，考虑时间、工具和物料并将流程图画在下面空白处，接下来各组派出代表陈述本组的工作方案。

工作计划流程图

> **温馨提示**
>
> 各小组对其他组的工作计划进行互评、教师总评。各小组根据教师和各组的评价进行方案优化，并将优化方案写在下面方框内。

优化后的流程图

工具准备：

序　号	工具名称	工具数量
工具使用规范	请填写工具使用规范	

五、任务实施

1. 对仪器进行检查

请按规范依次检查仪器，并将检查方法与检查结果填写在下表中。

检查仪器名称	检查方法	是否正常
防护用具		是□ 否□
拆装工具		是□ 否□
检测工具 名称_____		是□ 否□

2. 操作过程

序　号	实施步骤	是否完成
一	**检查与维护前的准备工作**	
1	关闭点火开关，拔下钥匙	是□ 否□
2	拆下低压蓄电池负极，使用绝缘胶带包好	是□ 否□
二	**检查制动踏板**	
1	多次踩下制动踏板，感觉踏板反应灵敏程度，看踏板能否完全落下，有无异常噪声，是否过度松旷	是□ 否□
2	用钢直尺检查制动踏板自由行程 用手向下按制动踏板至有阻力时，记下直尺读数 L_1：_____ 然后放松踏板，再看直尺读数 L_2：_____ 制动踏板自由行程为：_____ − _____ = _____	是□ 否□
三	**检查制动液**	
1	检查储油罐内的制动液液位，是否位于 MAX 与 MIN 标记之间	是□ 否□
2	检查制动总泵与储油罐周围有无泄漏	是□ 否□
3	检查制动液软管是否有扭曲、磨损和裂纹，表面有无凹痕或其他损伤	是□ 否□

（续）

序　号		实 施 步 骤	是 否 完 成
四		**检查制动盘和摩擦片**	
	1	卸下车轮及卡钳，但不能将_____从卡钳上取下 清洁摩擦片，用_____检查摩擦片厚度是否符合标准	是□ 否□
	2	检查制动盘有无过度磨损和裂纹	是□ 否□
	3	清洁制动盘，在距离制动盘端面_____mm处沿圆周_____个等分点，用_____分别测量制动盘厚度是否符合标准	是□ 否□
	4	检查制动盘跳动量，在距离制动盘端面最外大约_____处，放置顶尖，转动制动盘，测量轴向圆跳动量是否符合标准	是□ 否□
五		**检查制动钳导向销和活塞防尘罩**	
	1	检查制动钳导向销运动是否灵活	是□ 否□
	2	检查活塞防尘罩是否存在破损	是□ 否□
六		**检查电动真空泵**	
	1	检查电动真空泵的管路是否存在松动或漏气	是□ 否□
	2	检查真空罐单向阀连接管路是否漏气	是□ 否□
	3	检查真空助力器及连接管路有无漏气	是□ 否□
七		**检查驻车制动器**	
		检查驻车制动拉线的收紧程度和驻车制动手柄拉起的齿数是否符合要求	是□ 否□
八		**检查后制动鼓与制动蹄片**	
	1	检查后制动鼓与制动蹄片有无过度磨损和损坏	是□ 否□
	2	在卸下车轮与制动鼓的同时，检查制动分泵有无泄漏	是□ 否□
九		**6S 管理：** 建立安全操作环境 清理及整理工具量具 清理及复原车辆正常状况 清洗场地 物品回收和环保 完善和检查工单	是□ 否□ 是□ 否□ 是□ 否□ 是□ 否□ 是□ 否□ 是□ 否□

六、任务检查与评价

1. 请进行必要的最终检查和"6S"管理
2. 请根据实施过程进行总结并完善工作计划

总结内容和改进工作计划：

3. 学生填写自评表

要求每一个小组学生派代表上讲台讲述小组的学习成果和经验收获。

课堂小组经验分享记录：

4. 教师填写总评表

教师评价结果记录：

学习任务 2　检查与维护行驶系统

一、任务描述

近日，张先生准备进行一次 1000km 的旅行，他的爱车 EV200 已经行驶了 50 000km，轮胎出现了异常磨损，车身也有轻微横向倾斜现象。为了保证旅行的顺利，他准备到 4S 店给他的爱车做一次维护，在了解清楚张先生的目的后，作为 4S 店的一名技师，你如何对其爱车的行驶系统进行检查与维护呢？

教师协助学生分析学习情境，运用问题引导法：

1. 你所面对的是什么类型的车辆？

2. 你在任务中的角色是什么？

3. 你的工作任务是什么？

二、任务分析

1. 请检查并记录车辆使用情况

检查项目	状态记录
周期维护灯亮起	是□ 否□
行驶里程	_____ km
上次维护时间	
检查车辆外观状态	

2. 根据任务描述中车辆的情况明确本次工作任务，并分析完成本次工作任务所需要掌握的知识点

三、任务资讯

1. 行驶系统的组成

汽车的行驶系统主要由_____、_____、_____和_____组成。行驶系统与_____配合，提供汽车减速或停车所需的制动力，与_____，实现汽车安全转向行驶。

2. 判断下面语句描述正确性

1）减振器更换时只能整件更换，不能拆开维修。　　　　　　　　　　　　　　　（　　）

2）车辆在行驶中出现车轮抖动、转向盘振动的现象，就需要对车辆进行四轮定位。（　　）

3）轮胎气压的检查可在停车后直接测量。　　　　　　　　　　　　　　　　　　（　　）

4）汽车轮胎胎压过高或过低都会造成轮胎的异常磨损。　　　　　　　　　　　　（　　）

3. 将下面车辆动平衡试验的图片按正确顺序排列

①

②

③

④

⑤

⑥

⑦

⑧

车辆动平衡试验的正确操作流程是：_____

4. 以下描述属于电动汽车悬架系统的请在方框内打钩

连接车架与车轮之间的弹性元件	☐
缓和行驶中车辆受到的冲击力	☐
保持或改变汽车行驶方向	☐
由弹性元件、导向机构、减振器和横向稳定杆组成	☐
使下坡行驶的汽车速度保持稳定	☐

四、计划决策

> **温馨提示**
>
> 请各小组学习、思考和讨论解决问题的具体工作计划，考虑时间、工具和物料并将流程图画在下面空白处，接下来各组派出代表陈述本组的工作方案。

工作计划流程图

> **温馨提示**
>
> 各小组对其他组的工作计划进行互评、教师总评。各小组根据教师和各组的评价进行方案优化，并将优化方案写在下面方框内。

```
┌─────────────────────────────────────────────┐
│   优化后的流程图                              │
│                                             │
│                                             │
│                                             │
│                                             │
└─────────────────────────────────────────────┘
```

工具准备：

序　号	工 具 名 称	工 具 数 量
工具使用规范	请填写工具使用规范	

五、任务实施

1. 对仪器进行检查

请按规范依次检查仪器，并将检查方法与检查结果填写在下表中。

检查仪器名称	检 查 方 法	是 否 正 常
防护用具		是□　否□
拆装工具		是□　否□
检测工具名称_____		是□　否□

2. 操作过程

序　号	实施步骤	是否完成
一	**检查与维护前的准备工作**	
1	关闭点火开关，拔下钥匙	是☐ 否☐
2	拆下低压蓄电池负极，使用绝缘胶带包好	是☐ 否☐
二	**检查轮胎气压**	
	用_____对准轮胎气门嘴读取数值，看是否在正常值范围内	是☐ 否☐
三	**检查轮胎的外观**	
	检查轮胎外观是否有石头、钉子和铁屑等硬物	是☐ 否☐
四	**检查轮胎磨损程度**	
1	目测轮胎表面是否有异常磨损	是☐ 否☐
2	用_____在不同地方多次检测花纹深度，看是否超出安全的花纹深度	是☐ 否☐
五	**检查轮毂**	
1	当举升车辆后，用双手握住轮胎的上下侧，来回扳动轮胎，多次检查轮毂轴承有无松动、摆动现象	是☐ 否☐
2	来回转动轮胎，多次检查有无噪声、有无卡滞	是☐ 否☐
六	**检查车轮动平衡**	
	车辆在行驶中是否有车轮抖动、转向盘振动的现象。若有，就需要_____	是☐ 否☐
七	**检查减振器**	
1	目测减振器是否有凹痕、损坏和变形	是☐ 否☐
2	检查减振器是否有漏油，防尘罩是否有裂纹，油封是否有损坏	是☐ 否☐
3	检查减振器上方的联接螺栓是否联接牢固	是☐ 否☐
4	停车后用力往下按压汽车的一侧，检查减振器的减振性能是否减弱	是☐ 否☐
5	拆下减振器，检查是否发生活塞杆卡滞或推拉活塞杆没有阻力的现象	是☐ 否☐
八	**检查悬架装置**	
1	检查左右摆臂及转向器外侧拉杆球头及拉杆球头上的防尘罩是否出现破损漏油	是☐ 否☐
2	检查球头的摆动与转动是否流畅，或是否有松动	是☐ 否☐
3	检查橡胶件是否有损坏、开裂，或老化失效	是☐ 否☐
4	检查悬架螺栓、各支架螺栓联接是否紧固	是☐ 否☐
5	检查前/后悬架装置，是否有损坏、松脱和车身倾斜	是☐ 否☐
6	检查前、后悬架上弹簧座有无脱开、撕裂成其他损坏	是☐ 否☐
7	在轮胎气压正常，汽车_____状态下，观察汽车左右是否等高	是☐ 否☐
8	检查后稳定杆、纵臂等是否弯曲、变形和损坏	是☐ 否☐
九	**6S 管理：** 建立安全操作环境	是☐ 否☐
	清理及整理工具量具	是☐ 否☐
	清理及复原车辆正常状况	是☐ 否☐
	清洗场地	是☐ 否☐
	物品回收和环保	是☐ 否☐
	完善和检查工单	是☐ 否☐

六、任务检查与评价

1. 请进行必要的最终检查和"6S"管理
2. 请根据实施过程进行总结并完善工作计划

总结内容和改进工作计划：

_____

_____

3. 学生填写自评表

要求每一个小组学生派代表上讲台讲述小组的学习成果和经验收获。

课堂小组经验分享记录：

4. 教师填写总评表

教师评价结果记录：

学习任务3　检查与维护转向系统

一、任务描述

现李先生的 EV200 电动汽车已经行驶了 50 000km，作为维修人员，请你利用本学习任务所学知识，根据现场工作管理规范，完成电动汽车转向系统的维护工作，并向李先生解释电动汽车定期维护工作的重要性。

教师协助学生分析学习情境，运用问题引导法：

1. 你所面对的是什么类型的车辆？

2. 你在任务中的角色是什么？

3. 你的工作任务是什么？

二、任务分析

1. 请检查并记录车辆使用情况

检查项目	状态记录
周期维护灯亮起	是□ 否□
行驶里程	_____ km
上次维护时间	
检查车辆外观状态	

2. 根据任务描述中车辆的情况明确本次工作任务，并分析完成本次工作任务所需要掌握的知识点

三、任务资讯

1. 转向系统组成

转向系统主要包括_____、_____和_____。目前电动汽车常用的转向系统为_____，简称 EPS。

2. 助力转向系统

电动助力转向系统是由转矩传感器、_____、_____、_____和齿轮齿条传动机构等共同组成的。_____根据各传感器输出的信号计算所需的转向助力，并通过功率放大模块控制助力电机的转动，电机的输出经过减速机构减速增扭后驱动_____产生相应的转向助力。

在下图方框中填出相应的部件名称。

3. 与传统的液压助力转向器相比，电动助力转向系统具有很多优点，请简述

_____
_____
_____

4. 转向盘自由行程

转向盘自由行程是指_____的角度。转向盘自由行程为_____。

四、计划决策

> **温馨提示**
>
> 请各小组学习、思考和讨论解决问题的具体工作计划，考虑时间、工具和物料并将流程图画在下面空白处，接下来各组派出代表陈述本组的工作方案。

工作计划流程图

> **温馨提示**
>
> 各小组对其他组的工作计划进行互评、教师总评。各小组根据教师和各组的评价进行方案优化,并将优化方案写在下面方框内。

优化后的流程图

工具准备:

序　号	工具名称	工具数量
工具使用规范	请填写工具使用规范	

五、任务实施

1. 对仪器进行检查

请按规范依次检查仪器,并将检查方法与检查结果填写在下表中。

检查仪器名称	检查方法	是否正常
防护用具		是☐ 否☐
拆装工具		是☐ 否☐
检测工具名称_____		是☐ 否☐

2. 操作过程

序号	实施步骤	是否完成
一	**检查与维护前的准备工作**	
1	关闭点火开关,拔下钥匙	是☐ 否☐
2	拆下低压蓄电池负极,使用绝缘胶带包好	是☐ 否☐
二	**检查转向盘的自由行程**	
	检测方法:_____ 测量后,请记录_____ 判断结果是否正常:正常☐ 不正常☐	是☐ 否☐
三	**检查转向盘有无松动和摆动,可否自由移动**	
1	用双手握住转向盘上下晃动,检查转向盘有无松动和摆动。若有,请记录_____	是☐ 否☐
2	用双手握住转向盘左右移动,检查转向盘可否自由移动。若有,请记录_____	是☐ 否☐
3	拉动转向盘调节开关,检查是否可以随驾驶人的要求上、下调整转向盘的高度,并锁止在需要的高度。若有,请记录_____	是☐ 否☐
四	**检查转向器传动机构的工作状况和密封性**	
1	检查转向器传动机构的工作状况和密封性是否正常。若有,请记录_____	是☐ 否☐
2	检查前悬架、后悬架、转向机、转向横拉杆和转向管柱等相关部件是否松动或损坏。若有,请记录_____	是☐ 否☐
五	**检查转向盘及转向管柱有无变形与损坏情况**	
1	目测转向球节轴承有无磨损和损伤情况。若有,请记录_____	是☐ 否☐
2	检查转向轴和轴承,是否有"咔嗒"声和损坏,如有"咔嗒"声和损坏,应更换新部件。若有,请记录_____	是☐ 否☐
3	转动转向盘,目测插接器转动是否顺畅,是否有损伤及转动。若有,请记录_____	是☐ 否☐
六	**检查转向机本体连接紧固状态**	
1	检查转向器壳体上是否有裂纹,并注意转向器上的零件不允许焊接或矫正,只能更换。若有,请记录_____	是☐ 否☐
2	检查轴承及衬套的磨损与损坏,以及油封、防尘套的磨损与老化情况,并及时更换。若有,请记录_____	是☐ 否☐
3	目测检查转向器上有无漏油处,如有漏油,更换全部O形圈及密封垫。若有,请记录_____	是☐ 否☐

（续）

序　号		实 施 步 骤	是 否 完 成
七		**检查转向横拉杆球头的间隙、紧固程度及防尘套**	
	1	举升车辆（车轮悬空），通过摆动车轮和转向横拉杆来检查间隙	是□ 否□
	2	检查转向横拉杆球头的固定螺母是否牢固。若有，请记录＿＿＿＿＿＿＿＿＿＿＿＿＿＿＿	是□ 否□
	3	检查转向横拉杆的防尘罩有无损坏和安装位置是否正确。若有，请记录＿＿＿＿＿＿＿	是□ 否□
八		**检查转向助力功能**	
		检测方法：在道路试车过程中，通过原地转向、低速行驶中转向，检测转向时转向盘是否有沉重、助力效果不足等故障。将转向盘分别向左右转动至极限位置，检测是否有转向盘抖动、转向机异响等故障。若有，请记录＿＿＿＿＿＿＿＿＿＿＿＿＿＿＿	是□ 否□
九		**路试检查**	
		路试检查，检查转向功能是否正常，有无噪声。若有，请记录＿＿＿＿＿＿＿＿＿＿	是□ 否□
十		**检测电动助力转向系统主电源**	
		检查电动助力转向系统主电源 EPS 主熔丝 FU06 供电是否正常 使用万用表测量结果为：＿＿＿＿＿＿ 判断结果是否正常：正常□　不正常□	是□ 否□
十一		**检测 EPS 控制器 20 针插件供电及信号输入**	
	1	将钥匙转动至 ON 档，检查 EPS 控制器 5 号脚电压与蓄电池电压是否一致 使用万用表测量结果为：＿＿＿＿＿＿ 判断结果是否正常：正常□　不正常□	是□ 否□
	2	检查 3 号脚车速信号线至整车控制器 使用万用表测量结果为：＿＿＿＿＿＿ 判断结果是否正常：正常□　不正常□	是□ 否□
	3	检查 4 号脚 501 号线，测量 EPS 电机控制器输出电压 使用万用表测量结果为：＿＿＿＿＿＿ 判断结果是否正常：正常□　不正常□	是□ 否□
	4	检查 501 号线与 504 号线的电压 使用万用表测量结果为：＿＿＿＿＿＿ 判断结果是否正常：正常□　不正常□	是□ 否□
十二		**6S 管理：** 建立安全操作环境	是□ 否□
		清理及整理工具量具	是□ 否□
		清理及复原车辆正常状况	是□ 否□
		清洗场地	是□ 否□
		物品回收和环保	是□ 否□
		完善和检查工单	是□ 否□

六、任务检查与评价

1. 请进行必要的最终检查和"6S"管理

2. 请根据实施过程进行总结并完善工作计划

总结内容和改进工作计划：

3. 学生填写自评表

要求每一个小组学生派代表上讲台讲述小组的学习成果和经验收获。

课堂小组经验分享记录：

4. 教师填写总评表

教师评价结果记录：

学习任务 4　检查与维护低压电器系统

一、任务描述

现李先生的 EV200 行驶了 50000km，他准备进行一次 1000km 的旅行。为了保证旅行的顺利，他来到 4S 店做定期的检查与维护，作为维修人员，请你利用本学习任务所学知识，根据现场工作管理规范，完成电动汽车低压电器系统的维护工作，并向李先生解释电动汽车定期维护工作的重要性。

教师协助学生分析学习情境，运用问题引导法：

1. 你所面对的是什么类型的车辆？

2. 你在任务中的角色是什么？

3. 你的工作任务是什么？

二、任务分析

1. 请检查并记录车辆使用情况

检查项目	状态记录
周期维护灯亮起	是□ 否□
行驶里程	_____ km
上次维护时间	
检查车辆外观状态	

2. 根据任务描述中车辆的情况明确本次工作任务，并分析完成本次工作任务所需要掌握的知识点

三、任务资讯

1. 针对电动汽车常用的低压电器，请将下面相关联的关键词进行连线，并补全横线处的内容

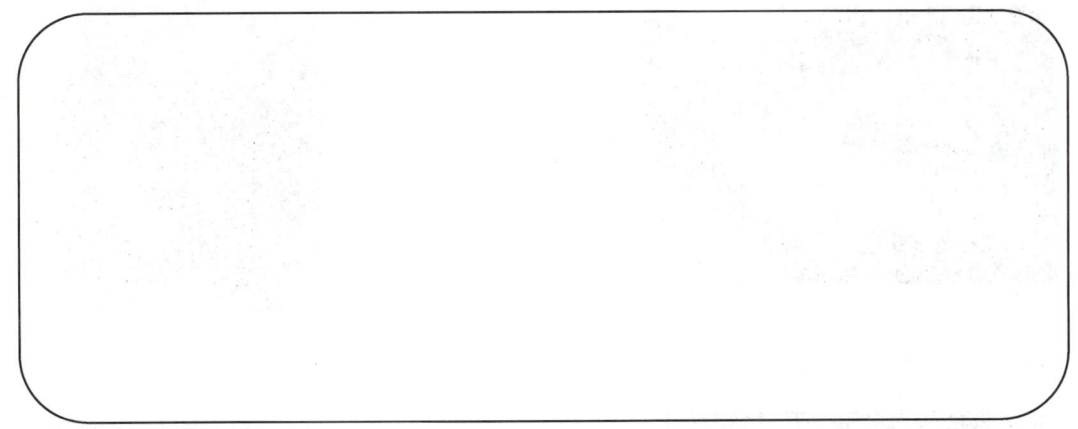

2. 根据图片请在横线处填写部件的名称

部件名称：＿＿＿＿＿＿＿＿

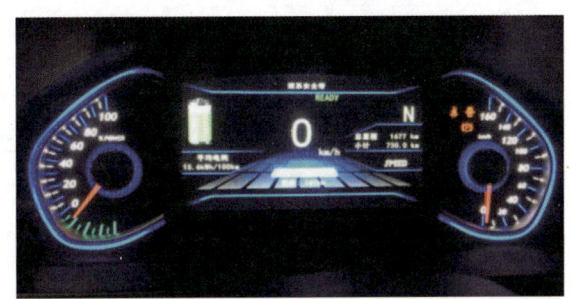

部件名称：＿＿＿＿＿＿＿＿

部件名称：_____

部件名称：_____

部件名称：_____

部件名称：_____

3. 请描述数据采集终端的功能

_____

_____

_____

4. 整车控制器

_____为电动汽车的"大脑"，用来协调各个零部件，使整车以最佳状态行驶。它是进行纯电动轿车动力控制及电能管理的载体。

5. 请对以下相关联内容进行连线

| 检查收音机及导航 | 检查电极桩有无氧化、有无渗液，电缆夹有无松动，显示窗口是否为绿色 |

| 检查刮水器 | 检查各档移动是否顺畅，仪表显示与实际是否一致 |

| 检查电动车窗和电动后视镜 | 检查各功能按键是否正常，系统工作是否正常 |

| 检查档位开关 | 检查升降工作是否正常，有无异响、卡滞，调节功能是否正常，调节过程有无卡滞、异响现象，折叠功能是否正常，除霜功能是否正常 |

| 检查低压蓄电池 | 旋转开关，检查各档工作是否正常，刮水性能是否良好，喷淋装置工作是否正常 |

四、计划决策

> **温馨提示**
> 请各小组学习、思考和讨论解决问题的具体工作计划，考虑时间、工具和物料并将流程图画在下面空白处，接下来各组派出代表陈述本组的工作方案。

工作计划流程图

> **温馨提示**
> 各小组对其他组的工作计划进行互评、教师总评。各小组根据教师和各组的评价进行方案优化，并将优化方案写在下面方框内。

优化后的流程图

工具准备：

序　号	工具名称	工具数量

(续)

序　号	工具名称	工具数量
工具使用规范	请填写工具使用规范	

五、任务实施

1. 对仪器进行检查

请按规范依次检查仪器，并将检查方法与检查结果填写在下表中。

检查仪器名称	检查方法	是否正常
防护用具		是□ 否□
拆装工具		是□ 否□
检测工具名称_____		是□ 否□

2. 操作过程

序　号		实施步骤	是否完成
一		检查与维护前的准备工作	
	1	关闭点火开关，拔下钥匙	是□ 否□
	2	拆下低压蓄电池负极，使用绝缘胶带包好	是□ 否□
二		检查电动汽车仪表	
	1	检查电动汽车仪表屏幕表面有无划痕、开裂和缩痕。若有，请记录_____	是□ 否□
	2	将钥匙转动至 ON 档，检查控制系统自检功能是否正常，有无故障灯点亮。若有，请记录_____	是□ 否□
	3	检查起动车辆后 READY 指示灯是否点亮，驻车制动指示灯、安全带未系指示灯是否点亮，仪表显示功能是否正常。若有，请记录_____	是□ 否□
	4	检查仪表显示电量应不低于总电量的 25%。仪表显示总里程数应小于 50km 请记录数据电量：_____ 里程数：_____	是□ 否□
	5	踩下制动踏板，用手前后拨动变速杆，检查变速杆在每个档位间有无明显顿感，变速杆位置居中，换档平顺无卡滞，仪表是否显示相应符号。若有，请记录_____	是□ 否□
	6	检查驻车制动拉起总行程 2/3 处时，是否实现驻车制动，仪表对应是否显示标识灯。松开驻车制动，仪表灯是否熄灭。若有，请记录_____	是□ 否□

（续）

序　号		实施步骤	是否完成
三		检查外部照明或信号灯光	
	1	旋转灯光组合开关，检查示廓灯、牌照灯、转向灯、倒车灯、制动灯、后雾灯和紧急警告灯工作是否正常。请记录＿＿＿＿＿＿＿＿＿＿＿＿＿＿	是□ 否□
	2	检查仪表是否显示相应标识。请记录＿＿＿＿＿＿＿＿＿＿＿＿＿＿	是□ 否□
	3	检查组合开关各转换档间有无明显阻尼感。若有，请记录＿＿＿＿＿＿＿＿＿＿＿＿＿＿	是□ 否□
	4	检查远光灯、近光灯、前雾灯和喇叭工作是否正常。请记录＿＿＿＿＿＿＿＿＿＿＿＿＿＿	是□ 否□
四		检查刮水器	
	1	旋转刮水器组合开关，检查前刮水器各档工作是否正常。请记录＿＿＿＿＿＿＿＿＿＿＿＿＿＿	是□ 否□
	2	检查刮水片刮水性能是否良好。请记录＿＿＿＿＿＿＿＿＿＿＿＿＿＿	是□ 否□
	3	检查喷淋装置工作是否正常。请记录＿＿＿＿＿＿＿＿＿＿＿＿＿＿	是□ 否□
	4	检查后刮水器及喷淋装置是否正常。请记录＿＿＿＿＿＿＿＿＿＿＿＿＿＿	是□ 否□
五		检查前照灯调节和仪表照明调节	
	1	示廓灯开启后，旋转仪表照明亮度调节开关，检查仪表屏幕亮度有无明显变化。请记录＿＿＿＿＿＿＿＿＿＿＿＿＿＿	是□ 否□
	2	当开启近光灯时，调整灯光高低旋钮是否正常，有无相应的执行电机声，灯光位置相应上下移动，有无卡滞现象。请记录＿＿＿＿＿＿＿＿＿＿＿＿＿＿	是□ 否□
六		检查电动车窗和电动后视镜	
	1	检查各门窗玻璃升降工作是否正常，玻璃升降有无异响、卡滞。若有，请记录＿＿＿＿＿＿＿＿＿＿＿＿＿＿	是□ 否□
	2	检查左右后视镜四向调节功能是否正常，调节过程有无卡滞、异响现象，折叠功能是否正常，除霜功能是否正常。若有，请记录＿＿＿＿＿＿＿＿＿＿＿＿＿＿	是□ 否□
七		检查室内顶灯和天窗	
	1	检查室内顶灯三种模式工作是否正常。若有，请记录＿＿＿＿＿＿＿＿＿＿＿＿＿＿	是□ 否□
	2	检查天窗开启、关闭功能是否正常。若有，请记录＿＿＿＿＿＿＿＿＿＿＿＿＿＿	是□ 否□
	3	检查天窗滑动有无异响、卡滞。若有，请记录＿＿＿＿＿＿＿＿＿＿＿＿＿＿	是□ 否□
八		检查档位开关	
	1	检查各档位移动是否顺畅。若有，请记录＿＿＿＿＿＿＿＿＿＿＿＿＿＿	是□ 否□
	2	检查仪表显示档位与实际档位是否一致。若有，请记录＿＿＿＿＿＿＿＿＿＿＿＿＿＿	是□ 否□
	3	变速杆拨至R位，检查倒档灯是否点亮。若有，请记录＿＿＿＿＿＿＿＿＿＿＿＿＿＿	是□ 否□
	4	检查倒车影像、倒车雷达工作是否正常。若有，请记录＿＿＿＿＿＿＿＿＿＿＿＿＿＿	是□ 否□
九		检查收音机及导航	
	1	检查收音机各功能按键是否正常。若有，请记录＿＿＿＿＿＿＿＿＿＿＿＿＿＿	是□ 否□
	2	检查导航系统工作是否正常。若有，请记录＿＿＿＿＿＿＿＿＿＿＿＿＿＿	是□ 否□
十		检查线束、搭铁点、接插件	
	1	检查低压线束固定点是否可靠，有无出现线束破损与金属件干涉现象。若有，请记录＿＿＿＿＿＿＿＿＿＿＿＿＿＿	是□ 否□
	2	检查搭铁点螺栓有无松动，复紧各搭铁点螺栓。若有，请记录＿＿＿＿＿＿＿＿＿＿＿＿＿＿	是□ 否□
	3	检查低压接插件锁止卡扣有无松动、损坏现象。若有，请记录＿＿＿＿＿＿＿＿＿＿＿＿＿＿	是□ 否□
十一		检测低压蓄电池	
	1	检查电极桩有无氧化，电缆夹有无松动。若有，请记录＿＿＿＿＿＿＿＿＿＿＿＿＿＿	是□ 否□

（续）

序　号	实施步骤	是否完成
2	检查蓄电池有无渗液。若有，请记录_____	是□ 否□
3	检查蓄电池显示窗口是否为绿色。若有，请记录_____	是□ 否□
4	使用万用表测量蓄电池电压是否正常。请记录_____ 判断结果是否正常：正常□　不正常□	是□ 否□
十二	**检查整车控制器**	
1	检查整车控制器的线束插头是否连接牢固。若有，请记录_____	是□ 否□
2	检查整车控制器的紧固螺栓是否达到正常力矩。请记录_____	是□ 否□
十三	**检查数据采集终端**	
1	检查数据采集终端的 RUN、CAN1、CAN2、SD 指示灯是否点亮。若有，请记录_____	是□ 否□
2	检查数据采集终端的接插件连接是否牢固。若有，请记录_____	是□ 否□
3	检查数据采集终端的 SD 卡有无损坏，安装是否牢固。若有，请记录_____	是□ 否□
4	检查数据采集终端的螺栓安装是否紧固。若有，请记录_____	是□ 否□
十四	**6S 管理：** 建立安全操作环境 清理及整理工具量具 清理及复原车辆正常状况 清洗场地 物品回收和环保 完善和检查工单	是□ 否□ 是□ 否□ 是□ 否□ 是□ 否□ 是□ 否□ 是□ 否□

六、任务检查与评价

1. 请进行必要的最终检查和"6S"管理
2. 请根据实施过程进行总结并完善工作计划

总结内容和改进工作计划：

_____

_____

3. 学生填写自评表

要求每一个小组学生派代表上讲台讲述小组的学习成果和经验收获。

课堂小组经验分享记录：

4. 教师填写总评表

教师评价结果记录：

学习情境8

电动汽车检查与维护项目编排

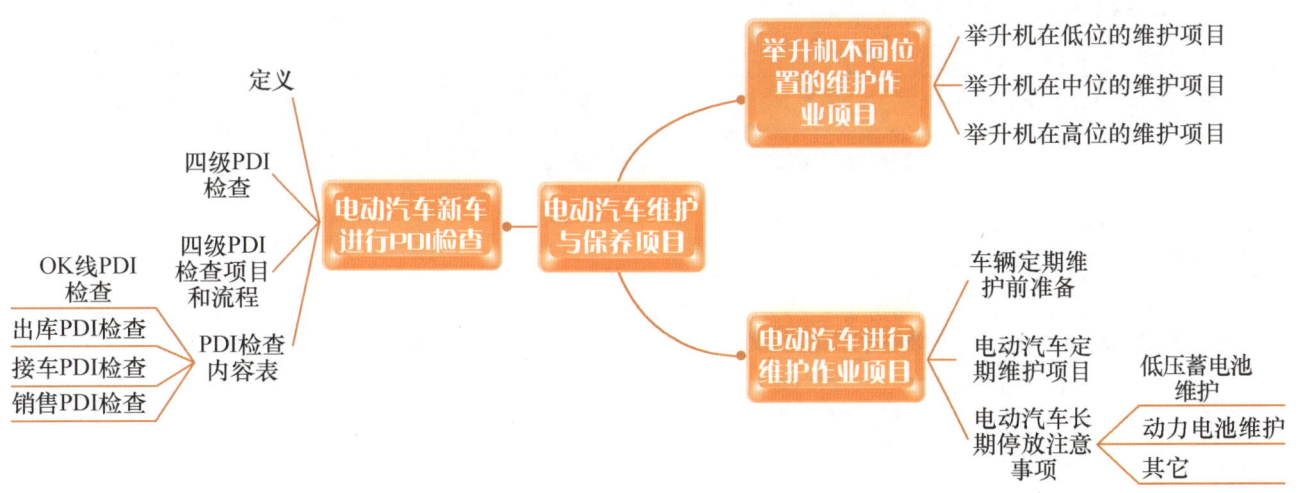

学习任务 1　电动汽车新车 PDI 检查

一、任务描述

何先生在北汽鹏龙 4S 店看中了电动汽车 EV200 这款车型,在交付之前,需要工作人员对此车进行 PDI 检查,那么将如何完成 PDI 检查工作任务呢?

教师协助学生分析学习情境,运用问题引导法:

1. 你所面对的是什么类型的车辆?

2. 你在任务中的角色是什么?

3. 你的工作任务是什么?

二、任务分析

根据任务描述中车辆的情况明确本次工作任务,并分析完成本次工作任务所需要掌握的知识点。

三、任务资讯

1. 解释什么是 PDI 检查

2. 四级 PDI 检查

四级 PDI 检查分别是_____、_____、_____ 和_____。

3. 根据所学知识补全下列空白处

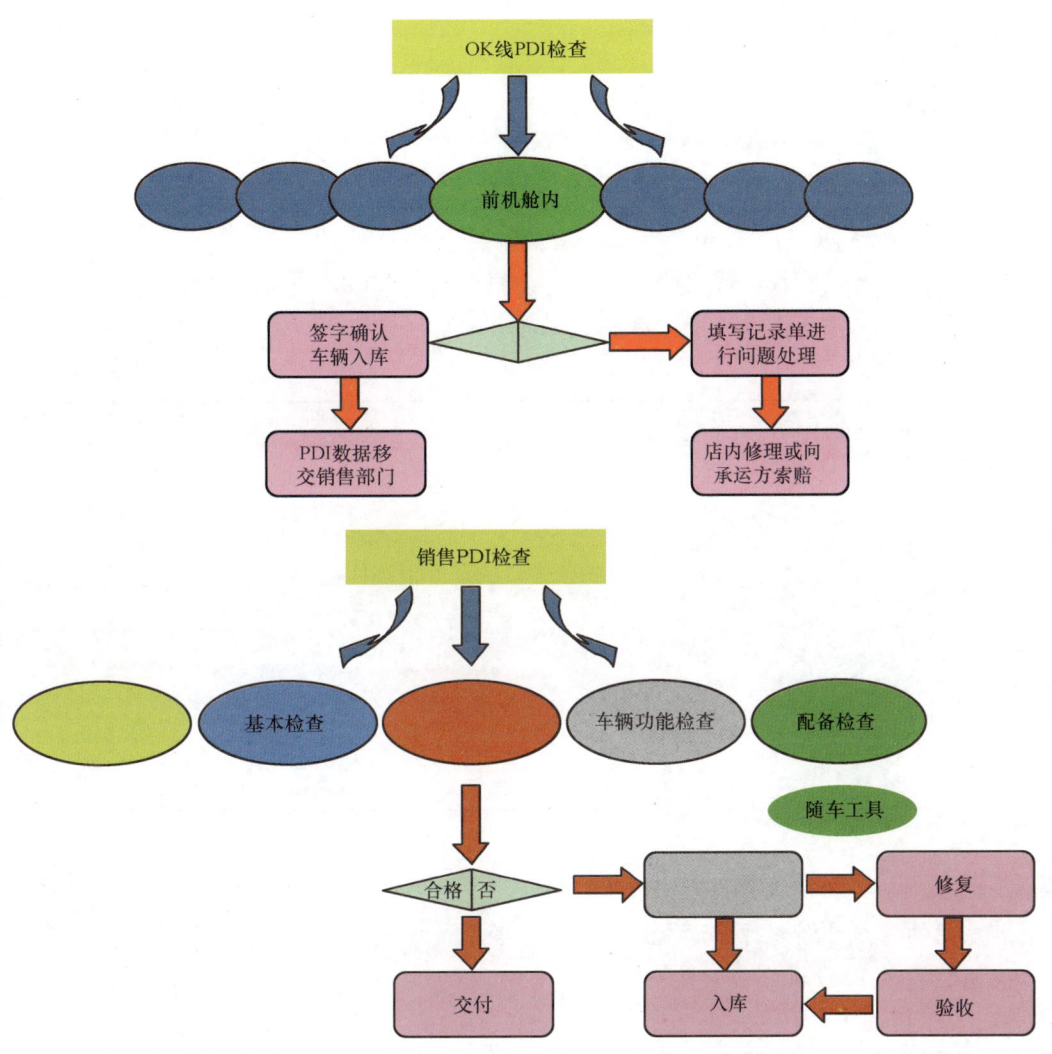

4. PDI 检查中的基本检查项目有哪些？

5. 下列属于 PDI 检查中的前机舱检查项目的有（　　）。（多选）

A. 漆面划痕　　　B. 整体目视检查　　　C. 制动液　　　D. 蓄电池

E. 玻璃水　　　　F. 空调　　　　　　　G. 线束

6. PDI 检查中的车辆功能检查项目有哪些？

_____

_____

_____

7. PDI 检查中的配备检查项目有哪些?

_____

_____

四、计划决策

> **温馨提示**
>
> 请各小组学习、思考和讨论解决问题的具体工作计划,考虑时间、工具和物料并将流程图画在下面空白处,接下来各组派出代表陈述本组的工作方案。

工作计划流程图

> **温馨提示**
>
> 各小组对其他组的工作计划进行互评、教师总评。各小组根据教师和各组的评价进行方案优化,并将优化方案写在下面方框内。

优化后的流程图

工具准备：

序　号	工具名称	工具数量
工具使用规范	请填写工具使用规范	

五、任务实施

从 EV200 实车上进行销售 PDI 检查项目。

检查项目	检查内容	销售 PDI 检查结果
A 基本检查		
1. 外观检查	全车漆面、前后风窗玻璃、左右车窗和前后车灯表面无磕碰、划伤，车顶装饰条粘贴良好无损坏，车门、机盖和灯具安装各部缝隙均匀，过渡无明显阶差	
2. 轮胎	轮胎表面无割伤，胎压正常；轮辋及螺栓无划伤、生锈；翼子板内衬齐全	
3. 内饰检查	门内侧、门框、转向盘、仪表台、档位、中央扶手箱、座椅、地毯和车顶内饰安装可靠，无划伤、无脏污，车内无杂物	
B 前机舱内检查		
1. 整体目视检查	前机舱中的部件有无渗漏及损伤	
2. 冷却液液位	液位应在 MAX 和 MIN 之间	
3. 制动液	储液罐及软管有无漏液或损伤，液位应在 MAX 和 MIN 之间	
4. 玻璃水液位	液位应在 MAX 和 MIN 之间	
5. 蓄电池	状态、电压，蓄电池接线螺栓是否紧固	
6. 线束/配管	不干涉，不松动（注意：橘黄色电线为高压线，请勿触动），各线束接头连接有效锁止；高压线束无死弯，护套无破损；DC/DC 负极与车身搭铁螺钉紧固正常	

(续)

检查项目	检查内容	销售 PDI 检查结果
C 车辆功能检查		
1. 遥控器及钥匙	遥控器及机械钥匙可以有效锁闭及开启五门；锁闭后后视镜收起，闪烁灯闪烁	
2. 车门及行李箱	四个车门及行李箱开启和关闭正常	
3. 车门窗	四个车窗的玻璃升降正常	
4. 中控门锁	使用正常	
5. 主驾驶人和副驾驶人座椅	座椅调节正常，安全带拉伸及锁闭正常	
6. 仪表盘各项指示灯	通电后各项检测指示灯数秒后正常熄灭	
7. 导航仪及收音机	使用正常	
8. 转向盘	上下调节正常，喇叭正常，媒体调节按钮使用正常，转向盘安装正常	
9. 照明灯光	远光灯、近光灯、雾灯、行李箱灯和光束调节系统使用正常	
10. 指示灯光	转向灯、警告灯、制动灯、倒车灯、牌照灯和示廓灯使用正常	
11. 刮水器	喷水器正常，前后刮水器刮水正常	
12. 空调	制冷和制热正常，风量调节正常，各出风口正常	
13. 后视镜（高配）	两侧及车内后视镜是否正常调节	
14. 天窗（高配）、车内灯	天窗开关正常，车内灯使用正常	
15. 遮阳板及化妆镜	使用正常	
16. 前机舱盖、充电口盖	开启、闭合正常	
17. 倒车雷达/影像	使用正常	
18. 换档机构及驻车制动器	操作功能正常	
19. 数据采集终端	平台是否可以监控	
20. 充电功能	快充、慢充功能正常	
21. 10km 路试	转向、制动、能量回收功能、驻坡能力（20% 坡度）和制动真空泵起动正常，行驶有无跑偏、摆振，直线行驶转向盘是否对正	
D 配备检查		
1. 铭牌及随车资料	铭牌有粘贴；随车资料（导航手册）齐全，资料信息与车辆一致	
2. 随车工具	随车工具（备胎、三角架、千斤顶、灭火器）齐全	
E 其他检查		
出租车	计价器及计价器遥控面板、顶灯及顶灯钥匙、空车牌、驾驶人信息栏、禁止吸烟贴、座套（两套）	

六、任务检查与评价

1. 请进行必要的最终检查和"6S"管理
2. 请根据实施过程进行总结并完善工作计划

总结内容和改进工作计划：

3. 学生填写自评表

要求每一个小组学生派代表上讲台讲述小组的学习成果和经验收获。

课堂小组经验分享记录：

4. 教师填写总评表

教师评价结果记录：

学习任务 2　电动汽车进行维护作业项目

一、任务描述

李先生三个月前提取了一辆北汽新能源 EV200，你作为售后服务人员，需要致电给李先生让他回店进行首次车辆维护作业。你应该如何与李先生沟通？如果只是车辆维护作业都包含哪些内容？

教师协助学生分析学习情境，运用问题引导法：

1. 你所面对的是什么类型的车辆？

2. 你在任务中的角色是什么？

3. 你的工作任务是什么？

二、任务分析

根据任务描述中车辆的情况明确本次工作任务，并分析完成本次工作任务所需要掌握的知识点。

三、任务资讯

1. 以下哪些是电动汽车定期维护前的准备工作？（是的打"√"）

1）人员 2）场地
3）防护工具 4）车辆

2. 根据所学内容判断下列哪些叙述是正确的？
1）当电动汽车停放半月以上时，应保证车辆剩余电量大于 50%。　　　　　　（　　）
2）当电动汽车电量低于 30% 时，需要及时充电。　　　　　　　　　　　　（　　）
3）露天停放超过一个月应该将车辆调换方向，避免车辆因阳光暴晒而产生褪色。（　　）
4）检测轮胎气压，必要时补充，防止轮胎变形损坏。　　　　　　　　　　　（　　）
5）当车辆需停放较长时间（7 天以上）时，需要断开低压蓄电池负极接线柱。（　　）

3. 下列需要半年/1 万 km 进行检查的有（　　）。（多选）
A. 驻车制动器　　　B. 更换制动液　　　C. 转向助力　　　D. DC/DC 功能
E. 刮水器　　　　　F. 充电测试　　　　G. 水泵功能

4. 下列需要 1 年/2 万 km 进行检查的有（　　）。（多选）
A. 空调系统冷凝器　B. 充电口盖开关　　C. 安全带　　　　D. 安全气囊
E. 玻璃水　　　　　F. 用电设备功能

5. 下列需要 2 年/4 万 km 进行检查的有（　　）。（多选）
A. 蓄电池电压　　　B. 动力电池标识牌　C. 散热器的清洁
D. 保养周期显示器复位　　　　　　　　E. 绝缘电阻监测系统测试

6. 下列需要在冬季检查的是（　　）。（单选）
A. 空调冷风系统　　B. 动力电池外箱检查　C. 数据采集分析　D. 蓄电池电压

7. 下列需要在夏季检查的是（　　）。（单选）
A. 检查水泵功能　　B. 检查散热器　　　C. DC/DC 功能　　D. 固定螺栓

四、计划决策

温馨提示

请各小组学习、思考和讨论解决问题的具体工作计划，考虑时间、工具和物料并将流程图画在下面空白处，接下来各组派出代表陈述本组的工作方案。

工作计划流程图

> **温馨提示**
>
> 各小组对其他组的工作计划进行互评、教师总评。各小组根据教师和各组的评价进行方案优化,并将优化方案写在下面方框内。

优化后的流程图

工具准备:

序　号	工具名称	工具数量
工具使用规范	请填写工具使用规范	

五、任务实施

从 EV200 实车上进行车辆的定期维护项目。

维护栏目	定期维护项目	是打"√"	否打"×"
制动系统	检查驻车制动器		
	目测制动液液位,及目测制动装置是否泄漏或损坏		
	检查制动真空泵、控制器功能及管路接头(不漏气)		

(续)

维护栏目	定期维护项目	是打"√"	否打"×"
制动系统	检查前、后制动摩擦衬块厚度及制动盘（根据使用情况更换）		
	更换制动液		
空调系统	空调冷风功能		
	暖风功能		
	检查空调系统冷凝水排水口		
	更换空调滤芯		
转向系统	检查转向横拉杆间隙及防尘套		
	检查转向助力功能		
充电系统	AC/DC 功能		
	充电总成（有无裂纹、破损）		
	充电口盖开关状态		
	DC/DC 功能		
底盘部分	目测等速万向节防护套有无泄漏或损坏		
	目测车身底部防护层、驱动电机是否有磕碰、损坏		
	检查底盘高压线缆保护套有无进水、老化和破损		
	底盘螺钉：按规定力矩检查拧紧		
	前后悬架：检查四轮减振器及减振弹簧外观和紧固螺栓及螺母		
	轮胎/轮毂（包括备胎）：检查轮胎磨损情况，校正轮胎气压，必要时进行轮胎换位		
	按规定力矩紧固车轮固定螺栓		
	更换减速器/变速器润滑油		
车身部分	检查仪表显示及车身内外照明		
	检查用电设备功能（包括点烟器、电动摇窗机和电动后视镜）		
	维护周期显示器复位		
	安全带、安全气囊功能检测		
	计算机检测：专用诊断设备读取各系统控制器内的故障存储信息		
	检查刮水器及清洗装置		
	检查电动天窗功能，清洁轨道		
	检查蓄电池固定情况，测量蓄电池电压		
动力电池系统	数据采集分析		
	充电测试		
	故障报警界面检查		
	管理系统绝缘监控故障检查		
	动力电池标识牌检查		

(续)

维护栏目	定期维护项目	是打"√"	否打"×"
动力电池系统	动力电池外箱检查、除尘		
	接插件及紧固件情况		
	固定螺栓力矩检测		
	检查动力电池加热功能		
冷却系统	检查冷却液液面		
	更换冷却液		
	检查冷却系统是否泄漏		
	检查水泵功能		
	散热器的清洁		
	检查冷却液冰点		
其他	驱动电机、电机控制器的外观清洁		
	绝缘电阻监测系统测试		
	检查机舱线束（高、低压）接插件情况，线束根部无过热、变形、松脱及零件部是否泄漏或损坏		
	检测低压放电电流		
	检查车门铰链及车门限位器、门锁、行李箱盖铰链和锁扣		
	检查风窗清洗液冰点		
	检查风窗清洗液液面高度，必要时添加清洗液		
	试车：检查制动踏板、驻车制动器、减速器/变速器、转向等功能及动力性能、平顺性能和噪声等		

六、任务检查与评价

1. 请进行必要的最终检查和"6S"管理
2. 请根据实施过程进行总结并完善工作计划

总结内容和改进工作计划：

_____

_____

3. 学生填写自评表

要求每一个小组学生派代表上讲台讲述小组的学习成果和经验收获。

课堂小组经验分享记录：

4. 教师填写总评表

教师评价结果记录：

学习任务 3　举升机不同位置的维护作业项目

一、任务描述

某北汽新能源 4S 店为了汽车定期维护的工作效率，售后经理准备对汽车定期维护项目进行流程优化，根据举升机不同位置制订相应维护项目，避免反复举升车辆，提高工作效率。现在售后经理把这个制订维护流程的任务交给你，你能合理、有效地利用车辆不同的举升位置，对车辆定期维护项目进行梳理吗？

教师协助学生分析学习情境，运用问题引导法：

1. 你所面对的是什么类型的车辆？

_____

2. 你在任务中的角色是什么？

_____

3. 你的工作任务是什么？

_____

二、任务分析

根据任务描述中车辆的情况明确本次工作任务，并分析完成本次工作任务所需要掌握的知识点。

三、任务资讯

根据维护内容连接合适的举升位置。

接插件检查

动力电池加热功能　　　　　　　举升机低位

水泵

制动液　　　　　　　　　　　　举升机中位

电机及控制器

减振器　　　　　　　　　　　　举升机高位

空调滤芯

轮胎

四、计划决策

温馨提示

请各小组学习、思考和讨论解决问题的具体工作计划，考虑时间、工具和物料并将流程图画在下面空白处，接下来各组派出代表陈述本组的工作方案。

工作计划流程图

温馨提示

各小组对其他组的工作计划进行互评、教师总评。各小组根据教师和各组的评价进行方案优化，并将优化方案写在下面方框内。

优化后的流程图:

工具准备:

序　号	工具名称	工具数量
工具使用规范	请填写工具使用规范	

五、任务实施

从 EV200 实车上进行不同举升位置的维护工作。

新能源汽车（低）位置维护单							A 级维护	
^ ^^^^^^							B 级维护	
客户	VIN		车牌号		维护里程	车型	进厂日期	
系统类别	检查内容	检查并处理		系统类别	检查内容		检查并处理	
		良好	待修				良好	待修
动力电池系统	安全防护			转向系统	转向盘和转向管柱连接紧固状态			
	数据采集				转向助力功能			

（续）

新能源汽车（低）位置维护单							A级维护	
							B级维护	
客户	VIN		车牌号	维护里程		车型	进厂日期	
系统类别	检查内容	检查并处理		系统类别	检查内容		检查并处理	
		良好	待修				良好	待修
电器电控系统	前机舱及各部件低压线束防护与固定			车身系统	风窗及刮水器			
	前机舱及各部件				顶窗			
	接插件状态				座椅及滑道			
	蓄电池				门锁及铰链			
	灯光、信号				机舱铰链及锁扣			
	充电口及高压线				行李门（箱）铰链及锁扣			
	高压绝缘检测系统			冷却系统	冷却液液位及冰点			
	故障诊断系统报警检测				冷却管路			
制动系统	制动装置				散热器			
	制动液			空调系统	空调冷暖风功能			
					空调滤芯			

维修人员：　　　　　　　　　　　质检员：　　　　　　　　　　　服务顾问：

客户签字：

注：检查内容里的阴影部分不在B级维护的范围内。

新能源汽车（中）位置维护单							A级维护	
							B级维护	
客户	VIN		车牌号	维护里程		车型	进厂日期	
系统类别	检查内容	检查并处理		系统类别	检查内容		检查并处理	
		良好	待修				良好	待修
制动系统	驻车制动器			传动及悬架系统	轮胎			
	前后制动摩擦衬块				前后减振器			

维修人员：　　　　　　　　　　　质检员：　　　　　　　　　　　服务顾问：

客户签字：

注：检查内容里的阴影部分不在B级维护的范围内。

新能源汽车（高）位置维护单						A级维护	
						B级维护	
客户	VIN	车牌号	维护里程	车型		进厂日期	
系统类别	检查内容	检查并处理		系统类别	检查内容	检查并处理	
		良好	待修			良好	待修
动力电池系统	安全防护			转向系统	转向盘和转向管柱连接紧固状态		
	绝缘检查				检查转向横拉杆间隙防尘套		
	接插件状态			传动及悬架系统	变速器（减速器）		
	标识检查				传送轴		
	螺栓紧固力矩				副车架及各悬架连接情况		
	动力电池加热功能			冷却系统	冷却管路		
	外部检查				水泵		
电机系统	安全防护				散热器		
	绝缘检查			空调系统	压缩机及控制器		
	电机及控制器冷却检查				空调管路及连接固定		
	外部检查				空调系统冷凝水排水口		
电器电控系统	前机舱及底盘高压线束防护及固定			制动系统	制动真空泵、控制器		
维修人员：				质检员：		服务顾问：	
						客户签字：	

注：检查内容里的阴影部分不在B级维护的范围内。

六、任务检查与评价

1. 请进行必要的最终检查和"6S"管理
2. 请根据实施过程进行总结并完善工作计划

总结内容和改进工作计划：

3. 学生填写自评表

要求每一个小组学生派代表上讲台讲述小组的学习成果和经验收获。

课堂小组经验分享记录：

4. 教师填写总评表

教师评价结果记录：

参 考 文 献

[1] 王文伟,张丽莉. 电动汽车跑起来[M]. 北京:机械工业出版社,2015.

[2] 邢超,张仕寅,冯玉芹. 汽车维护[M]. 北京:外语教学与研究出版社,2011.

[3] 吴继宗. 汽车维护[M]. 北京:人民邮电出版社,2013.

[4] Wilfried Staudt. 汽车机电技术(一)[M]. 华晨宝马汽车有限公司,译. 北京:机械工业出版社,2015.